国家自然科学基金项目"技术溢出效应的多维测度与中国创新
（批准号 71273128）资助

Optimal Market Structure of Technology Innovation in Terms of Heterogeneity
—Taking China's High Tech Industry as an Example

异质性条件下技术创新最优市场结构研究

——以中国高技术产业为例

千慧雄 / 著

中国财经出版传媒集团

经济科学出版社

Economic Science Press

前　言

何种市场结构最有利于创新是经济学领域长期争论的一个话题。以熊彼特（Schumpeter）为代表的经济学家认为垄断更有利于创新；以阿罗（Arrow）为代表的经济学家则相反，认为竞争的市场结构更有利于创新；曼斯菲尔德（Mansfield）等则认为中度竞争的市场结构更能促进创新；还有许多学者，如谢勒（Scherer）、达斯古普塔（Dasgupta）和斯蒂格利茨（Stiglitz）等，从更细致的角度考虑创新与市场结构的关系，实际上他们认为市场结构与创新的关系是不确定的，其具体关系依赖于具体的条件而变化。总之，关于市场结构与创新的关系如何至今未达成一致意见。本研究引入产品异质性变量，综合考虑市场规模、研发效率等其他变量，把各种冲突的观点纳入一个统一的分析框架。研究表明，当参数变化时，创新的最优市场结构有一个从垄断到完全竞争的连续变化过程。

根据理论研究的需要，以及中国技术创新的特点，本研究首先建立了异质性条件下技术创新最优市场结构的基本理论，分为产品创新最优市场结构和工艺创新最优市场结构两部分；然后，在分析中国高技术产业运行特征的基础上，使用高技术产业的数据对上述理论进行检验；接着研究消化吸收的最优市场结构和再创新的最优市场结构。

异质性条件下产品创新最优市场结构的研究表明：那些产品差异度小，或者创新产品潜在利润高，或者创新产品对原产品的替代度低的产业，行业垄断程度越高越有利于创新；那些产品差异度大，或者创新产品潜在利润低，或者创新产品对原产品的替代度高的产业，行业竞争程度越

· 1 ·

高越有利于创新；这些参数处在中度值的那些产业，市场结构与创新的关系则呈倒"U"型结构。

异质性条件下工艺创新最优市场结构的研究表明：企业工艺创新投入与市场规模、产品差异度、产品初始成本正相关，与研发溢出效应、市场竞争负相关；行业工艺创新投入与市场规模、产品差异度、产品初始成本正相关，与溢出效应负相关，与市场竞争的关系为倒"U"型；企业工艺创新效率与市场规模、产品差异度负相关，与产品初始成本、研发溢出效应、市场竞争正相关；行业工艺创新效率与市场规模、产品差异度负相关，与产品初始成本、研发溢出效应正相关，与市场竞争的关系随着研发溢出效应的增大逐步由负相关转化为正相关；企业研发能力对企业、行业工艺创新投入和效率的影响都是非单调的。

消化吸收最优市场结构的研究表明：企业对引进技术的消化吸收是一项昂贵的学习性活动，不会自动发生；企业对引进技术消化吸收的重视程度是由多种因素共同决定的；企业消化吸收与技术引进支出的比值与该行业世界技术进步的速度负相关，与企业的人力资本存量和该行业的市场竞争程度正相关。中国高技术产业的经验分析也证实了这些观点，且从消化吸收的角度看，中国高技术产业的市场结构是缺乏竞争的。

再创新最优市场结构的研究表明：技术引进对再创新的影响是双向的，只有满足一定条件，技术引进才能促进再创新。技术引进对再创新是抑制还是促进，关键取决于"生产效应""学习效应"之和与"扩散效应"的力量对比；产品差异起着"防火墙"的作用；市场规模、研发能力等变量可以改变技术引进促进自主研发的临界市场结构。中国高技术产业的数据基本支持这些结论，同时，中国高技术产业的经验研究还表明，其与有利于再创新的最优市场结构相比是缺乏竞争的。

综上所述，引入产品异质性变量后，技术创新最优市场结构随着各参数的变化，有一个从垄断到完全竞争的连续变化过程，这一结论对产品创新、工艺创新、消化吸收再创新都是成立的。对中国高技术产业各个方面的研究表明，其与最优市场结构相比是缺乏竞争的，因此，今后政府应该促进中国高技术产业的市场竞争。

目 录

第一章

导　论

一、问题的提出

何种市场结构最有利于技术创新是经济学领域长期争论的一个话题。熊彼特（Schumpeter，1942）最先提出这个问题，他认为垄断更有利于技术创新，这一论点被后来的学者称为"熊彼特假设"。之后60多年来围绕这一问题出现了大量的理论和经验研究，令人遗憾的是各种理论，甚至经验研究的结论常常相悖，至今仍未达成共识。综观各种研究，大体上有四种观点：第一种观点是以熊彼特为代表的一批学者，坚持熊彼特假说，认为垄断性的大企业是创新的主要承担者，是经济进步的发动机。代表性文献有劳里（Loury，1979）、本－蔡恩和菲克斯勒（Ben-Zion and Fixler，1981）、杰德洛（Jadlow，1981）和坦登（Tandon，1984）等。第二种观点是以阿罗（Arrow，1962）为代表的一批学者，认为竞争性的市场结构更有利于创新，事实上阿罗（1962）是建立市场结构与创新关系的第一个经济学家。支持这一论点的还有凯密恩和施瓦茨（Kamien and Schwartz，1978）、格龙斯基（Geroski，1990）等。第三种观点是以曼斯菲尔德（Mansfield，1968）为代表的一批学者，认为中度的市场竞争更有利于创新。持这一观点的还有德赛（Desai，1983）、莱文等（Levin et al.，1985）、布拉赫和威尔莫（Braga and Willmore，1991）、阿吉翁等（Aghion et al.，2005）等。第四种观点认为创新与市场结构之间的关系不确定，市场竞争是促进还是抑制创新要看具体的条件。例如，谢勒（Scherer，

1967）的研究表明企业创新动力取决于技术水平、最终产品的性能、创新的速度等；达斯古普塔和斯蒂格利茨（Dasgupta and Stiglitz，1980）综合考虑了需求弹性、创新风险、进入壁垒等多种因素来研究市场结构与创新之间的关系；阿塔拉（Atallah，2002）研究了上下游企业之间有溢出时的创新；林和萨吉（Lin and Saggi，2002）比较了不同市场条件下的过程创新与产品创新；克勒尔（Koeller，2005）研究了技术机会对市场结构与创新关系的影响；马林和西奥蒂斯（Marin and Siotis，2007）验证了萨顿（Sutton，1998）提出的市场结构与创新之间的关系随产品间的替代性不同而不同。

　　总之，现有关于市场结构与技术创新关系的研究未达成一致的认识，而且各种观点还相互矛盾。另外，现有研究还有以下不足：第一，产品创新和工艺创新是两项不同的创新行为，其与市场结构的关系也应有所差别，现有文献缺少对此的细分研究；第二，发展中国家的技术创新路径是技术引进、消化吸收再创新，而现有文献缺乏对消化吸收、再创新与市场结构关系的系统研究；第三，现有文献关于市场结构与技术创新关系的研究基本是在同质产品的框架下进行，缺乏在异质产品框架下的分析，这也是导致各种理论相互矛盾的重要原因。

　　鉴于此，如何将市场结构与技术创新的关系纳入一个统一的分析框架就成为一个重要的问题，尤其是研究技术引进、消化吸收、再创新与市场结构的关系更是技术上落后国家亟须解决的问题。基于此，本书对异质性条件下技术创新的最优市场结构研究，引入产品异质性变量，同时综合考虑市场规模、企业研发效率等一系列因素，有望将市场结构与技术创新的关系纳入一个统一的分析框架下，同时在这一条件下研究了技术引进、消化吸收、再创新与市场结构的关系，为中国等发展中国家的技术进步提供理论依据。

二、研究意义

　　本研究的意义主要有以下三点：

　　第一，通过引入产品异质性因素，将市场结构与创新的关系纳入统一的分析框架，这样产品创新、工艺创新、消化吸收再创新的最优市场结构就会随着其他参数的变化有一个从垄断到完全竞争连续变化的过程，为熊彼特、阿罗、曼斯菲尔德等相互矛盾的观点提供理论解释，随之也就解决了各种理论上的争论。

第二，本研究系统地分析了技术引进、消化吸收再创新的最优市场结构问题，而技术上相对落后的国家，如中国目前基本上处于技术追赶的阶段，技术追赶的主要途径就是技术引进、消化吸收再创新，因此对消化吸收再创新最优市场结构的分析可以为技术引进国家的技术进步提供理论支持。

第三，技术创新最优市场结构的研究在现实上可以为产业政策的制定提供理论依据，对偏离最优市场结构的产业进行规制和引导，将之导向最有利于技术创新的市场结构上来。

三、研究方法

本研究使用的研究方法主要有以下三种：

第一，数理建模方法。本研究的理论研究主要采用数理建模方法，一共建立了四个理论模型，分别是异质性条件下产品创新最优市场结构模型、工艺创新最优市场结构模型、消化吸收最优市场结构模型和再创新最优市场结构模型。通过这四个模型，在理论上系统地分析了产品创新、工艺创新、消化吸收、再创新与市场结构的关系。

第二，Matlab 数值模拟方法。本研究建立的数理模型是非线性的，较为复杂，在分析市场结构与创新关系时不能用直接求导的办法得出，因此在参数分析时本研究采用了数值模拟的方法，首先用 Matlab 模拟出市场结构与创新的数值关系，其次将这种数值关系绘成图形进行分析。

第三，面板回归分析。理论研究之后，本研究使用中国高技术产业的数据进行经验分析，由于高技术产业涉及多个产业，计量上使用面板回归的分析方法。

四、相关概念的界定

首先需要界定的是三个条件：封闭条件、开放条件与现实条件。封闭条件与传统的理解一致，指的是把一国的经济置于一种孤立的条件下进行研究，不存在国际间的贸易和要素的流动；而传统的开放条件是指产品可以跨国贸易，资本、技术、人员可以在国际间流动的条件，而本研究的中心问题是研究技术创新与市场结构的关系，因而将开放条件仅限定在技术的国际流动，而且只研究技术落后国家引进技术后，技术消化吸收和再创新的最优市场结构问题。现实条件实际上不算条件，这只是相对于前面两个条件而提出的，前面提到封闭条件、开放条件在具体运用时实际上还是一个理论条件，那么这里就简要讲一下现实条件与二者的不同：第一，现实条件下，产品创新与工艺创新常常相伴而生，新的产品在很多时候需要新的工艺，工艺的创新能够提升产品的品质，产品品质的提高也可以认为是产品创新；第二，企业技术创新中常常有政府的资助，政府行为会改变企业行为，这也是前面两个分析中所没有考虑到的；第三，企业再进行竞争时不仅是产品市场上的，有时还牵涉企业间科研人才，或叫人力资本的争夺，以及由此而产生的企业间技术的外泄等问题，这都会改变企业的创新行为。因而我们最后观察到的只是企业的创新结果，而创新结果又是在这种现实条件下形成的。鉴于这种条件的复杂性，我们就只对现实结果进行分析，也就是现实条件下企业的技术创新结果分析。

其次需要界定的是产品异质性，产品异质性又称产品差异，通俗的理解就是各个企业生产的产品是不同的，严格的来讲，只要各个企业生产的产品可以被消费者区分，那么产品就是有差异的。产品差异在理论上可以分为水平差异和纵向差异，产品的水平差异是指产品的颜色、口味、款式等的外在差异，这些差异的产生源于消费者偏好的多样性，不同消费者对这些差异的排序是不同的；纵向差异指产品质量的不同，各种产品的质量有一个从高到低的排序，不同的消费者对纵向差异产品的排序是一致的，厂商制造产品纵向差异源于消费者的收入不同，虽然消费者对纵向差异产品的排序相同，但不同收入的消费者在优化其消费时会选择不同质量的产品。本研究的异质性产品指的是产品的水平差异，考虑的主要是产品间的不完全替代性。

技术创新也是本书的一个核心概念。创新这一概念最先由熊彼特于

1912 年在其《经济发展理论》中提出来，当时这一概念比较宽泛，熊彼特的创新指的是下列五种情况：新的产品、新的生产方法、新的供应源、开辟新市场以及新的企业组织形式。之后随着创新理论的发展，创新研究集中于技术创新的概念，弗里曼（Freeman，1982）在其《工业创新经济学》中指出，技术创新就是指新产品、新过程、新系统和新服务的首次商业性转化，其中包括产品创新、工艺创新和创新扩散三个部分。本研究的技术创新概念基本上采用弗里曼的定义，而且本研究集中研究产品创新和工艺创新，创新的扩散没有做相关的研究。

再次需要界定的一个概念是市场结构。市场结构是指影响交易双方行为的所有市场特征。判断市场结构需要从三个方面考虑：一是市场中有多少卖方和买方；二是不同产品之间的差异度，即产品间的替代程度；三是市场是否存在进如壁垒和退出障碍。根据这些标准，市场结构可以分为完全竞争市场、垄断竞争市场、寡头垄断市场和垄断市场。本质上讲市场结构概念指向的主要是市场的竞争程度，而市场竞争程度理论上讲应该是一个连续变量，是一个从完全垄断到完全竞争连续变化的区间，因此在实际测度市场结构（或叫市场竞争度）的时候，通常给出的是一个数量指标，而不是简单地把市场结构归类到这四类市场结构中的一种。市场结构的测度，或叫市场竞争程度的测度，根据前面市场结构的识别标准，可量化的指标通常有两类：一类是直接看行业内企业的数量，数量越多，竞争越激烈，但这一指标有缺陷，当产量在各企业间分配不平衡时这一指标就会失真；另一类是市场集中度指标，这一指标也是产业经济学中使用最普遍的。市场集中度本身又有许多测度指标，常用的有：行业集中度（CRN），即行业中前 N 家企业的市场份额；赫芬达尔——赫希曼指数（HHI），即行业内企业市场份额的平方和；其他还有基尼系数、逆指数、熵指数等。本书理论分析中市场结构的区分，或者市场竞争程度的测度主要是依据行业内企业数量的多少，而在经验分析中，由于不可能像理论研究中那样，假设各个企业的规模相同，因此采用的是类似于市场集中度的指标——大企业产值的行业占比，这主要出于数据可得性的考虑。

最后需要界定一下最优市场结构的概念。最优在经济学领域首先要有一个标准,标准不同,最优的概念也不同。由于我们研究的是技术创新,这里最优指的是最有利于技术创新的市场结构;由于创新具有不确定性,但与创新投入在统计上存在显著的正相关关系,因此这里最有利于创新的市场结构指的是能够使创新投入最高的市场结构。

五、研究思路与框架

本书的总体研究思路是:由于技术创新主要指产品创新和工艺创新两类,同时中国又是技术追赶国家,基本的路径是技术引进消化吸收再创新,因此,本研究首先建立异质性条件下的技术创新最优市场结构的基本理论,其中包括产品创新最优市场结构理论和工艺创新最优市场结构理论,继而分析中国高技术产业的运行特征,然后使用中国高技术产业的数据对技术创新最优市场结构理论进行检验;其次,考虑中国技术追赶型国家的特点,研究消化吸收的最优市场结构和再创新的最优市场结构问题;最后是全书的结论。本书研究逻辑思路见图1-1。

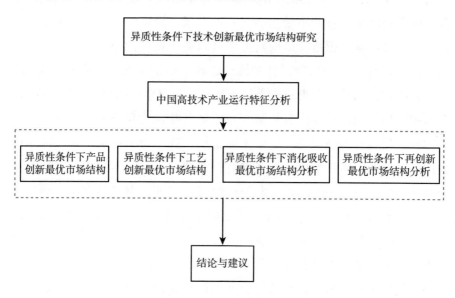

图 1-1　本书研究逻辑思路

在具体的章节安排上,第二章是中国高技术产业运行特征描述,具体分析了中国高技术产业的经营状况、市场结构以及创新情况。第三章是异质性条件下产品创新最优市场结构。第四章是异质性条件下工艺创新最优市场结构研究。第五章是异质性条件下消化吸收最优市场结构的研究。第六章是异质性条件下技术引进再创新最优市场结构的研究。这四章都是采取先建理论模型，再经验检验的方式来研究，经验检验都是采取中国高技术产业的数据进行的。第七章是全书结论及政策建议。

六、研究的创新与不足

本研究的创新之处总结起来，大致有以下三点：

首先，把产品异质性变量引入创新与市场结构关系的分析框架，在理论上能够把各种分歧的观点统一起来。

其次，在异质性条件下系统的分析产品创新、工艺创新、消化吸收、再创新与市场结构的关系也是一个创新。

最后，在上述理论框架下系统的分析中国高技术产业的市场结构状态也属首次。

当然，本研究还有许多不足，有待进一步研究：

第一，本研究引入了产品的异质性这一变量，才得以将各种观点统一起来，这是本书的一个创新点，但同时也是一个不足，在进行经验研究的时候没有将这一变量量化进行检验，因此，如何将产品异质性这一变量量化是今后研究的一个方向。

第二，产品的异质性，也就是产品差异，产品差异分为水平差异和纵向差异，本书的研究是在水平差异的框架下进行的，因此，如何在纵向差异的框架下研究技术创新的最优市场结构值得今后进一步研究。

第三，本研究的理论分析基本是静态和比较静态分析，而现实的创新行为与市场结构的变化则是一个连续的过程，因此，如何将技术创新与市场结构关系的研究纳入动态分析框架下是另一个研究方向。

第四，本研究的理论研究具有一般性，而经验研究只是针对中国高技术产业而展开的，因此，理论的可靠性需要进一步的检验，这也是今后需要做的工作。

第五，本书对开放条件下技术创新最优市场结构的研究仅涉及技术的引进消化吸收再创新问题，缺乏产品、资本、人员等要素的国际间流动，因而不是真正意义上的开放，如何将这一框架拓展成完整开放条件下的研究需要进一步完善。

第二章

中国高技术产业运行特征描述

第一节　中国高技术产业发展总体分析

一、高技术产业的含义及行业分类

"高技术"一词源于美国,《韦氏大学词典》对高技术的解释是:"包括生产或使用先进或尖端设备的科学技术,特别指电子学和计算机领域。"高技术产业领域具有知识密集度高、高投入、高创新率、高风险、高回报等特征,但各国对高技术产业的界定都不大相同。例如,美国商务部认为,研发投入占产品附加值10%以上,或科技人员投入占总人员10%以上的行业为高技术产业;日本则把光电子产业、计算机产业、软件工程产业、微电子产业、电子机械产业、空间技术产业、生物技术产业定为高技术产业;OECD 界定的高技术产业包括医药制造业、航空航天器制造业、电子及通信设备制造业、电子计算机及办公设备制造业、医疗设备及仪器仪表制造业。1991 年 3 月,国务院批准空间科学和航空航天技术、基本物质科学和辐射技术、能源科学和新能源、生态科学和环境保护技术、微电子科学和电子信息技术、高效节能技术、医药科学和生物医学工程、材料科学和新材料技术、其他在传统产业基础上应用的新工艺、新技术等作为高新技术,并于2002 年 7 月由国家统计局颁发并实施了《高技术产业统计分类目录的通知》。

依据 2002 年国家统计局公布实施的高技术产业统计目录，我国高技术产业共有八个部类，74 个行业，具体见表 2 - 1。

表 2 - 1　　　　　　　　中国高技术产业统计目录

行　　业	对应代码
一、核燃料加工	253
二、信息化学品制造	2665
三、医药制造业	27
其中：化学药品制造	271 + 272
中成药制造	274
生物、生化制品的制造	276
四、航空航天器制造	376
1. 飞机制造及修理	3761
2. 航天器制造	3762
3. 其他飞行器制造	3769
五、电子及通信设备制造业	40 - 404
1. 通信设备制造	401
其中：通信传输设备制造	4011
通信交换设备制造	4012
通信终端设备制造	4013
移动通信及终端设备制造	4014
2. 雷达及配套设备制造	402
3. 广播电视设备制造	403
4. 电子器件制造	405
电子真空器件制造	4051
半导体分立器件制造	4052
集成电路制造	4053
光电子器件及其他电子器件制造	4059
5. 电子元件制造	406
6. 家用视听设备制造	407
7. 其他电子设备制造	409
六、电子计算机及办公设备制造业	404 + 4154 + 4155
1. 电子计算机整机制造	4041

续表

行　　业	对应代码
2. 计算机网络设备制造	4042
3. 电子计算机外部设备制造	4043
4. 办公设备制造	4154 + 4155
七、医疗设备及仪器仪表制造业	368 + 411 + 412 + 4141 + 419
1. 医疗设备及器械制造	368
2. 仪器仪表制造	411 + 412 + 4141 + 419
八、公共软件服务	6211 + 6212

资料来源：国家统计局，国家发展和改革委员会，科学技术部.2009 年中国高技术产业统计年鉴 [M]. 北京：中国统计出版社，2009.

由表 2 - 1 可以看到中国高技术产业统计目录的八个部类以及具体细分行业的产业代码，但是由于资料的限制，目前中国高技术产业统计数据只有三、四、五、六、七这五类的统计资料，因此在后面各章，以及本章的分析都是针对这五个部类而展开的。

二、中国高技术产业生产经营状况分析

中国高技术产业的生产经营状况分析主要是对高技术产业产值变化及在国民经济中的地位、增加值、利润和利税情况进行统计性描述和分析。首先分析中国高技术产业的产量变化趋势。图 2 - 1 描述的就是 1995 ~ 2011 年中国高技术产业全行业的产值及变化趋势（由于统计口径的变化，这一指标仅统计到 2011 年），其中，柱状图为全行业当年价总产值，曲线为拟合的变化趋势。由趋势线可以看出 1995 ~ 2011 年这 17 年间中国高技术产业的产值呈指数增长，拟合的指数函数为 $y = 3285e^{0.1999t}$，年均递增将近 20%，拟合优度非常高，$R^2 = 0.9921$。

图 2 - 2 描述的是中国高技术产业全行业产值的 GDP 占比及其变化趋势。1995 年中国高技术产业产值的 GDP 占比为 1.58%，到 2011 年时已达到 3.05%，并且从趋势线来看，中国高技术产业在 GDP 中的比重呈线性增长趋势，从拟合线来看，每年增加约 0.09，拟合优度达到 0.9415。综合图 2 - 1 和图 2 - 2 可以看出，中国高技术产业的发展速度是非常快的，平

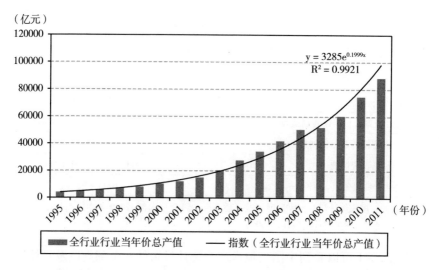

$$y = 3285e^{0.1999x}$$
$$R^2 = 0.9921$$

图 2 - 1 1995 ~ 2011 年中国高技术产业当年价总产值及变化趋势

资料来源：2002 ~ 2012 年《中国高技术产业统计年鉴》。

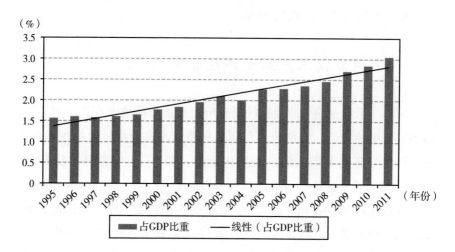

图 2 - 2 1995 ~ 2011 年中国高技术产业产值的 GDP 占比及变化趋势

资料来源：2002 ~ 2012 年《中国高技术产业统计年鉴》。

均来看，增速大约为 19.9%，远高于中国经济增长 10% 左右的速度，因而高技术产业在国民经济中的比重呈线性上升趋势。

图 2 - 3 描述的是中国高技术产业分行业产值变化趋势。总体来看，各行业的增速都比较快，其中航空航天器制造业的产值最低，且其增速也比

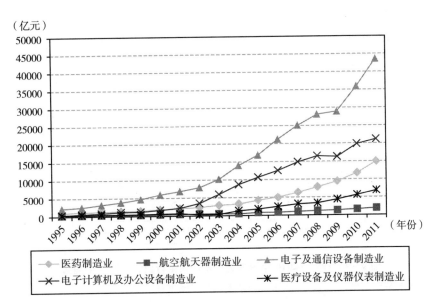

图 2 - 3 1995~2011 年中国高技术产业分行业产值变化趋势

资料来源：2002~2012 年《中国高技术产业统计年鉴》。

较平稳，而其他四个行业的增速在 2001 年之前比较低，从 2002 年开始增速有一个跳跃。从外在环境来看，2001 年底我国加入了世界贸易组织，开放度有一个跳跃性的提高。我国高技术产业的相应变化表明，中国的航空航天器制造业对外界不敏感，或者说其市场化程度不高，这一点在后面的市场结构分析中会得到进一步的证实，而其他四个行业对外部条件变化反应比较敏感，这说明其他几个行业的国际化程度，或市场化程度比较高。

接下来分析中国高技术产业的利润情况。图 2 - 4 描述的是 1995~2016 年中国高技术产业全行业利润总额及变化趋势。从总量上看全行业利润不断增长，并且以指数的速度增长，年增速在 20% 以上，高于产值的增长速度，因此，从整体上看，中国高技术产业在总量扩张的同时，利润率也在不断提高。

图 2 - 5 描述的是 1995~2011 年中国高技术产业分行业的利润率变化趋势，平均来看医药制造业的利润率最高，电子计算机及办公设备制造业的利润率最低，其他三个行业居中。从趋势上看，医药制造业、航空航天器制造业和医疗设备及仪器仪表制造业的利润率基本上一直在增长，而电

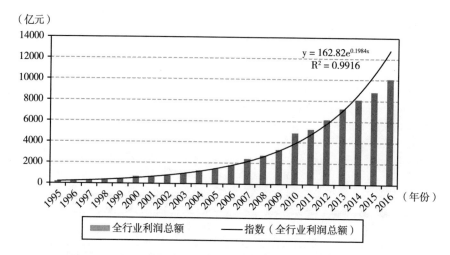

图 2 – 4   1995～2016 年中国高技术产业全行业利润及变化趋势

资料来源：2002～2017 年《中国高技术产业统计年鉴》。

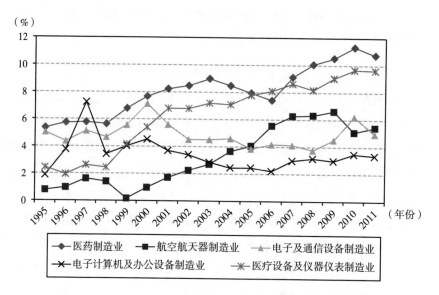

图 2 – 5   1995～2011 年中国高技术产业分行业利润率变化趋势

资料来源：2002～2012 年《中国高技术产业统计年鉴》。

子及通信设备制造业、电子计算机及办公设备制造业的利润率从 2000 年以后一直在下降，这表明这两个行业的市场竞争越来越激烈，导致利润率的降低。

三、中国高技术产业从业人员分分析

由于行业中的从业人员在一年中是不断变化的，因而行业从业人员统计的是年平均人员数。图 2 - 6 描述的是 1995～2016 年中国高技术产业全行业从业人员数及变化趋势，从拟合的曲线来看，这 22 年间全行业从业人员变化呈抛物线状，谷底在 2000 年左右，之后从业人员迅速增长，这表明 2000 年之后中国高技术产业发展迅速。

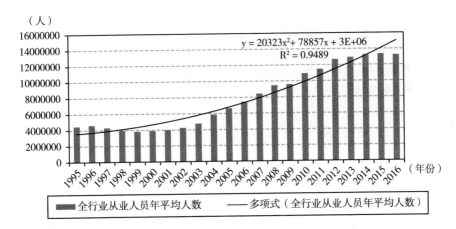

图 2 - 6　1995～2016 年中国高技术产业全行业从业人员及变化趋势

资料来源：2002～2017 年《中国高技术产业统计年鉴》。

图 2 - 7 描述的是 1995～2016 年中国高技术产业分行业从业人员的变化趋势，从中可以看到航空航天器制造业的变化趋势比较特殊，呈下降趋势，从前面的产值和利润变化趋势已经知道，航空航天器制造业总产值和利润这些年间在上升，那么这就表明航空航天器制造业的生产效率在不断提高。其他几个行业中，电子及通信设备制造业的从业人员最多，而且增速也最快，值得一提的是，2000 年后电子及通信设备制造业、电子计算机及办公设备制造业的从业人员迅速增长，这也是中国高技术产业人员增长的主要因素。而医药制造业和医疗设备及仪器仪表制造业从业人员的增速则比较缓慢。

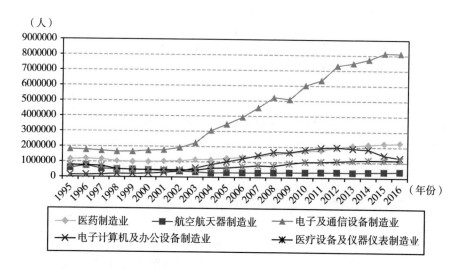

图 2 - 7 1995 ~ 2016 年中国高技术产业分行业从业人员变化趋势

资料来源：2002 ~ 2017 年《中国高技术产业统计年鉴》。

四、中国高技术产业固定资产投资分析

从统计数据来看，中国高技术产业固定资产投资的指标很多，为简便起见，这里只分析新增固定资产，新增固定资产又分为基本建设新增固定资产和更新改造新增固定资产，我们此处的新增固定资产则是两项的总和。图 2 - 8 描述的是 1995 ~ 2016 年中国高技术产业全行业新增固定资产，从拟合的曲线来看，新增固定资产呈指数增长，增速大约是每年 23%，高于同期产值和出口交货值 3 个百分点左右。

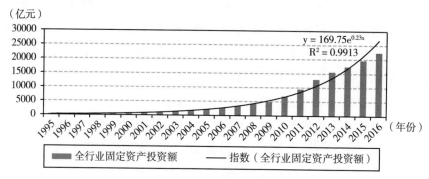

图 2 - 8 1995 ~ 2016 年中国高技术产业全行业新增固定资产

资料来源：2002 ~ 2017 年《中国高技术产业统计年鉴》。

图 2-9 是 1995~2016 年中国高技术产业分行业固定资产投资额的变化趋势，从中可以看到电子及通信设备制造业每年固定资产最多，其次是医药制造业，航空航天器制造业的新增固定资产最少，且增长速度也比较缓慢，图中还有一个特征就是 2001 年之后，电子及通信设备制造业、计算机及办公设备制造业等的新增固定资产加速增长。与前面的描述现结合，这表明 2000 年后中国信息产业飞速发展。

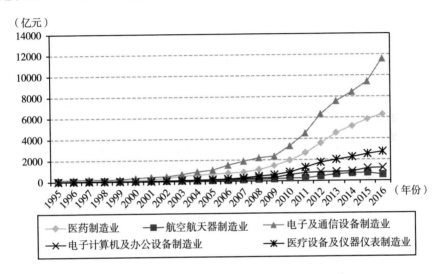

图 2-9 1995~2016 年中国高技术产业分行业新增固定资产

资料来源：2002~2017 年《中国高技术产业统计年鉴》。

五、中国高技术产业出口分析

描述高技术产业出口情况的指标有出口交货值、新产品出口销售收入和新产品出口交货值等几个指标，为全面而简便的反映高技术产业的出口情况，这里选取出口交货值这一指标。另外，由于 1996 年和 1997 年的数据缺失，为保证连续性，这里采取差值法补齐。

图 2-10 描述的是 1995~2016 年中国高技术产业全行业出口交货值及变化趋势，从总体拟合趋势来看，中国高技术产业出口交货值呈指数增长，增速大约是年均 20%。与行业产值的增速基本一致。

图 2-11 描述的是 1995~2016 年中国高技术产业分行业出口交货值的

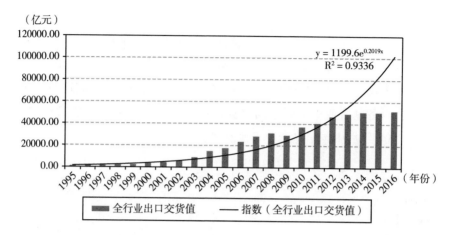

（亿元）

$y = 1199.6e^{0.2019x}$
$R^2 = 0.9336$

■ 全行业出口交货值　　——指数（全行业出口交货值）

图 2 - 10　1995 ~ 2016 年中国高技术产业全行业出口交货值及变化趋势

资料来源：2002 ~ 2017 年《中国高技术产业统计年鉴》。

变化趋势，其中的一个显著特征是，电子及通信设备制造业和计算机及办公设备制造业的出口交货值远远高于其他三个行业，而且增长速度极快，尤其是进入 2000 年后，这说明中国高技术产业产品出口主要是依赖电子及通信设备制造业和计算机及办公用品制造业这两个行业，这也从另一个方面说明我国这两个行业具有一定的国际竞争力。

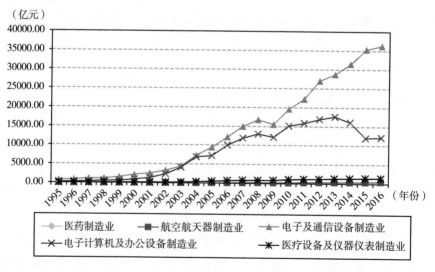

（亿元）

◇ 医药制造业　　■ 航空航天器制造业　　▲ 电子及通信设备制造业
✕ 电子计算机及办公设备制造业　　✳ 医疗设备及仪器仪表制造业

图 2 - 11　1995 ~ 2016 年中国高技术产业分行业出口交货值

资料来源：2002 ~ 2017 年《中国高技术产业统计年鉴》。

第二节　中国高技术产业市场结构分析

一、市场结构含义及测度方法

市场结构是指影响交易双方行为的所有市场特征。判断市场结构需要从三个方面考虑：一是市场中有多少卖方和买方；二是不同产品之间的差异度，即产品间的替代程度；三是市场是否存在进入壁垒和退出障碍。根据这些标准，市场结构可以分为完全竞争市场、垄断竞争市场、寡头垄断市场和垄断市场。本质上讲市场结构概念指向的主要是市场的竞争程度，而市场竞争程度理论上讲应该是一个连续变量，有一个从完全垄断到完全竞争一个连续的变化区间，因此在实际测度市场结构（或叫市场竞争度）的时候，通常给出的是一个数量指标，而不是简单地把市场结构归类到这四类市场结构中的一种。

市场结构的测度，或叫市场竞争程度的测度，根据前面市场结构的识别标准，可量化的指标通常有两类：一类是直接看行业内企业的数量，数量越多，竞争越激烈，但这一指标有缺陷，当产量在各企业间分配不平衡时这一指标就会失真。另一类是市场集中度指标，这一指标也是产业经济学中使用最普遍的，市场集中度本身又有许多测度指标，常用的有：行业集中度（CRN），即行业中前 N 家企业的市场份额；赫芬达尔—赫希曼指数（HHI），即行业内企业市场份额的平方和；其他还有基尼系数、逆指数、熵指数等。

二、中国高技术产业市场结构分析

鉴于数据的可得性和中国高技术产业的特点，中国高技术产业市场结构的分析主要从企业数量结构和产量结构来研究。企业的数量结构指标主要有行业企业总数、大中型企业数的比重、国有及国有控股企业数的比重、三资企业数的比重；产量指标主要有大中型企业销售收入比重、国有及国有控股企业销售收入比重、三资企业销售收入比重。

首先来分析企业的数量指标。图 2 - 12 描述的是中国高技术产业分行业的企业总数的变化趋势，从整体上看，从 1995 ~ 2016 年中国高技术产业的企业数呈 "U" 型变化趋势，这表明 1995 年开始中国高技术产业经历了一次剧烈的产业结构调整，各行业的企业数量急剧下降，1998 年左右到达谷底，在谷底徘徊调整了 4 ~ 5 年，从 2002 年左右开始企业数量开始增长，一直持续至今，这一方面表明产业结构调整的完成，另一方面也是中国加入 WTO 后为高技术产业的发展创造了更多的外部机会。从细分行业来看，电子及通信设备制造业的企业数最多，从这一指标来看电子及通信设备制造业的市场竞争是最激烈的，航空航天器制造业的企业数最少，也就是说高技术产业中这一产业的市场竞争最弱。

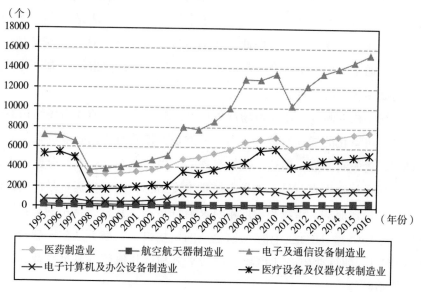

图 2 - 12　1995 ~ 2016 年中国高技术产业分行业企业数量变化趋势

资料来源：2002 ~ 2017 年《中国高技术产业统计年鉴》。

图 2 - 13 描绘的是 1995 ~ 2016 年中国高技术产业分行业的大中型企业数量占整个行业企业数的比重变化趋势。从图 2 - 13 中可以发现：医药制造业、电子及通信设备制造业、计算机及办公设备制造业、医疗仪器设备及仪器仪表制造业这四个行业的大中型企业比重呈逐年上升趋势，而图 2 - 12 显示我国高技术产业企业总数在逐年上升。这表明我国高技术产

业中这四个产业在快速扩张，大中型企业的形成数快于新进企业数，一方面广大的小微企业成长为大中型企业，另一方面相当一部分新设企业的规模直接进入大中型企业行列。与此形成鲜明对比的是航空航天器制造业的大中型企业比重整体上呈现下降趋势，大中型企业比重由1995年的83.56%下降到2016年的39.76%，下降了将近44个百分点，这是我国航空航天器制造业由军工向军民共建转型的结果，对于那些不涉及国家安全的环节和部门加速向民营企业开放，因此大量的民营企业，尤其是中小型企业进入了航空航天器制造业，从而导致这一行业的大中型企业比重逐年下降。但与其他四个行业相比，航空航天器制造业的大中型企业比重还是最高的，这也表明这个行业的技术壁垒比较高，研发能力较弱的小型企业进入这一行业还是比较困难的。

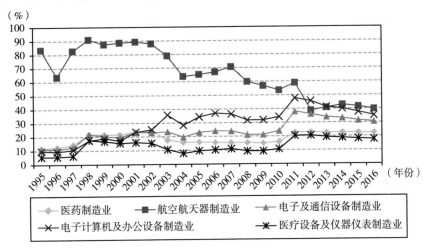

图2-13 1995~2016年中国高技术产业大中型企业数比重
资料来源：2002~2017年《中国高技术产业统计年鉴》。

图2-14描绘的是国有及国有控股企业数占行业企业数的比重，整体上国有及国有控股企业数量的比重呈倒"U"型变化趋势，峰值在1999年左右，这一变化趋势与中国的国企改革相关，到20世纪90年代末期，中国的国企改革进入攻坚阶段，1995年中央提出了"要着眼于搞好整个国有经济，实施国有经济战略重组，抓大放小"等一系列战略目标，这样就有一大批国有企业重组，租赁，退出等，到1999年国有企业的数量开始下降。从分行业的情况来看，航空航天器制造业的国有及国有企业数量的比

重一直最高，到 2016 年仍在 40% 以上，其他几个行业的国有及国有控股企业数量比重经过调整后，目前已经不足 6%，电子计算机及办公设备制造业的国企比重最低，到 2016 年时仅为 3.82%。

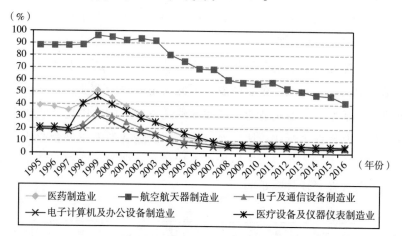

图 2 - 14　1995～2016 年中国高技术产业国有及国有控股企业数比重

资料来源：2002～2017 年《中国高技术产业统计年鉴》。

图 2 - 15 描述的是中国高技术产业中三资企业数量的比重变化趋势，三资企业包含港澳台资企业和外资企业两大类。从图 2 - 15 中可以看出，

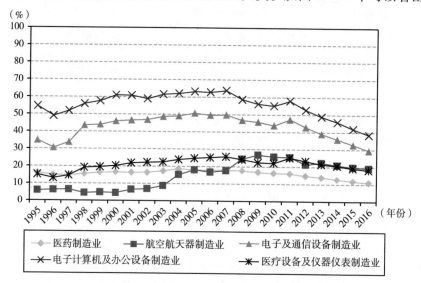

图 2 - 15　1995～2016 年中国高技术产业三资企业数比重

资料来源：2002～2017 年《中国高技术产业统计年鉴》。

整体上三资企业数量的比重呈倒"U"型变化趋势，峰值在 2007 年左右，各个行业略有差异。这表明我国高技术产业由对外资的高度依赖转向技术逐步独立的过程。由于高技术产业技术含量高，我国的技术薄弱，同时起步比较晚，因而开始阶段，随着对外开放度的逐步提高，我国高技术产业陷入对国外先进技术高度依赖的状态，尤其是电子计算机及办公设备制造业，三资企业数比重多年处在 60% 以上。但是随着我国科教兴国、创新驱动战略的实施，以及多年来对引进技术的消化吸收再创新，我国高技术产业的技术能力取得长足的进步，对国外技术的依赖逐步降低，2007 年之后，高技术产业中三资企业数比重逐步下降。从行业差异来看，电子计算机及办公设备制造业的三资企业比重最高，航空航天器制造业、医疗设备及仪器仪表制造业的三资企业比重较低。

接下来分析中国高技术产业销售收入比重所度量的市场结构。由于统计口径的变化，1995 ~ 2003 年用的指标是企业销售收入，2004 ~ 2016 年的指标是企业主营业务收入，这两个指标本身就比较接近，而且这里使用的是相对量，因此对数据的连续趋势影响不大。图 2 - 16 描述的是 1995 ~ 2016 年中国高技术产业分行业的大中型企业销售收入在行业中的比重，其中电子计算机及办公设备制造业、电子及通信设备制造业、医药制造业、

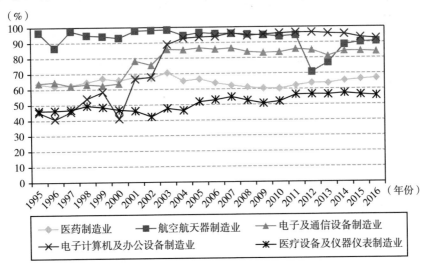

图 2 - 16　1995 ~ 2016 年中国高技术产业大中型企业销售收入比重

资料来源：2002 ~ 2017 年《中国高技术产业统计年鉴》。

医疗设备及仪器仪表制造业四个行业的变化趋势基本相同，呈现出上升趋势，而航空航天器制造业销售收入占比则呈下降趋势，这与前面所述的企业数占比的变化趋势基本一致。从行业差异来看，电子计算机及办公设备制造业的大中型企业发展更为迅速，销售收入占比在五个行业中已经处于首位，医药制造业、医疗设备及仪器仪表制造业的大中型企业销售收入占比则相对较低。

图 2-17 描述的是 1995～2016 年中国高技术产业中国有及国有控股企业的销售收入比重，其变化趋势与图 2-14 企业数比重基本相同，其原因在此不再赘述。

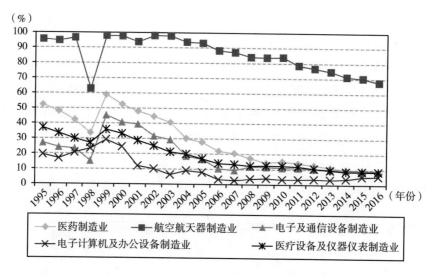

图 2-17 1995～2016 年中国高技术产业国有及国有控股企业产值比重
资料来源：2002～2017 年《中国高技术产业统计年鉴》。

图 2-18 描述的是 1995～2016 年中国高技术产业中三资企业产值比重的变化趋势，其变化总体趋势与图 2-15 的企业数比重趋势基本一致，整体上呈倒"U"型曲线。1995 年以来整体上呈上升趋势，2007 年左右到达峰值，其中电子计算机及办公室设备的三资企业产值比重超过 90%，电子及通信设备制造业已超过 70%，之后开始呈下降趋势。有差别的是航空航天器制造业中三资企业的产值比重一直处于上升趋势，2016 年时已达22.2%，这表明航空航天器制造业的发展主要依赖的是本国的资源，从创新的角度来看，这些企业的创新也都是我国自主的知识产权。

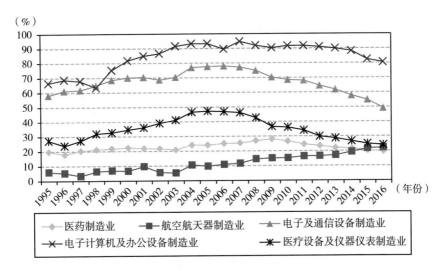

图 2-18　1995~2016 年中国高技术产业三资企业销售收入比重

资料来源：2002~2017 年《中国高技术产业统计年鉴》。

第三节　中国高技术产业技术创新分析

一、技术创新投入分析

高技术产业创新活动分析主要是分析其创新投入、创新投入的使用方向，以及创新的效果等，下面中国高技术产业技术创新分析主要就是围绕这三方面展开的。首先分析技术创新活动的投入情况，技术创新活动的投入包括科技活动人员的投入和科技活动经费的投入两大类。

图 2-19 描述的是 1995~2008 年中国高技术产业全行业科技活动人员的变化趋势，从现有的统计数据来看，《中国科技统计年鉴》中科技活动人员的统计仅到 2008 年，从 2009 年开始这一指标不再统计，因此这里绘出的趋势图仅到 2008 年。从图 2-19 可以发现，科技活动人员拟合的趋势线为 $y = 3354.5x^2 - 31570x + 311595$，即呈"U"型曲线，2000 年左右为谷底，之后我国高技术产业科技活动人员呈加速增长趋势。这一方面反应高技术产业对研发越来越重视，另一方面也表明中国高技术产业自身的扩张。

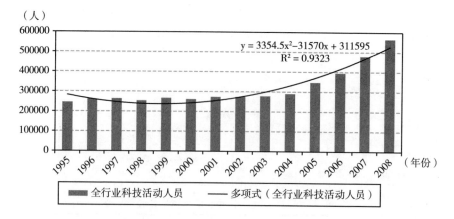

图 2-19 1995~2008 年中国高技术产业全行业科技活动人员变化趋势
资料来源：2002~2009 年《中国高技术产业统计年鉴》。

图 2-20 描述的是 1995~2008 年中国高技术产业分行业科技活动人员的变化趋势，其中的一个显著特征是航空航天器制造业的科技活动人员的数量整体上呈下降趋势，结合前面的分析，航空航天器制造业从业人员也是呈下降趋势，而产值和利润都是上升的，这一切综合表明我国航空航天器制造业在提升整体的素质和效率。其他四个行业的科技活动人员整体上都呈上升趋势，其中电子及通信设备制造业的科技活动人员最多，其他三

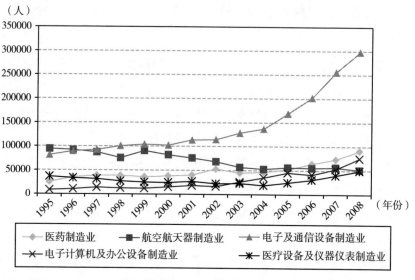

图 2-20 1995~2008 年中国高技术产业分行业科技活动人员变化趋势
资料来源：2002~2009 年《中国高技术产业统计年鉴》。

个行业的科技活动人员比较接近，结合前面电子及通信设备制造业的产值、从业人员、出口交货值等的分析可知，电子及通信行业设备制造业在中国高技术产业中确实有比较重要的地位。

图 2 – 21 描述的是 1995～2008 年中国高技术产业分行业科技活动人员中科学家和工程师占的比例，从图 2 – 21 中可以看出，从 1995～2008 年中国高技术产业各行业的科学家和工程师的比例都在不断提高，最高的是电子计算机及办公设备制造业，其比例已经超过 70％，比例最低的航空航天器制造业近年也超过 50％，这表明中国高技术产业的研发人员的整体素质已经达到较高水平，研发效率也会因此而提高。

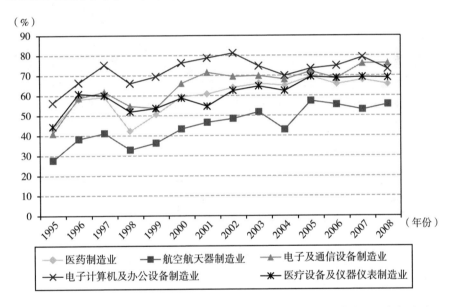

图 2 – 21　1995～2008 年中国高技术产业分行业科技人员中科学家和工程师比重

资料来源：2002～2009 年《中国高技术产业统计年鉴》。

二、技术创新投入支出结构分析

下面分析中国高技术产业技术创新的资金投入，在统计年鉴中这项指标叫作科技经费的筹集，《中国高技术产业统计年鉴》中这项指标也是到 2008 年，之后的年份仅统计 R&D 经费。图 2 – 22 描述的是 1995～2008 年中国高技术产业分行业科技经费筹集的变化趋势。从图 2 – 22 中可以看出，

2002 年之前各行业科技经费筹集额都是缓慢上升的，而 2002 年之后，科技经费筹集额加速上升，尤其是医疗设备及仪器仪表制造业和航空航天器制造业速度最快，医药制造业和电子计算机及办公设备制造业的科技经费相对来讲比较少，而且增速也比较缓慢。

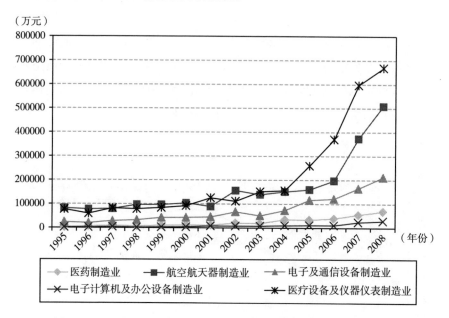

图 2－22　1995～2008 年中国高技术产业分行业科技活动经费筹集额
资料来源：2002～2009 年《中国高技术产业统计年鉴》。

图 2－23 描述的是科技经费筹集中政府资金所占的比重。从图 2－23 中可以看出，航空航天器制造业科技经费中政府资金的比例远远高于其他行业，最低年份超过 30%，最高年份接近 60%，平均在 40% 以上，而且近几年还有上升趋势，这充分表明了政府对航空航天器制造业这一战略产业的大力支持；其他四个行业的政府资金份额总体上呈下降趋势，尤其是电子及通信设备制造业和电子计算机及办公设备制造业，这两个行业中政府投入的科技经费已经不足总量的 5%，这表明政府在这些行业的市场化改革，政府资金逐步撤出这些行业。

　　技术创新支出结构分析的是技术创新资金在人员费和设备费，产品创新和工艺创新、技术引进和消化吸收等之间的配置结构。图 2－24 描述的是 1995～2008 年中国高技术产业科技经费内部支出中劳务费和仪器设备费

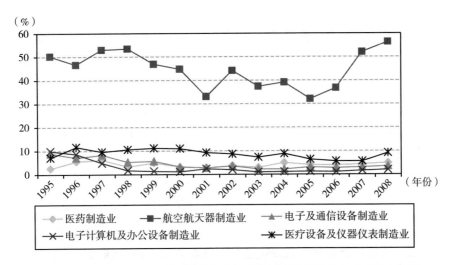

图 2 – 23 1995~2008 年中国高技术产业科技活动经费筹集中政府资金比例
资料来源：2002~2009 年《中国高技术产业统计年鉴》。

的比值。从图 2 – 24 中可以看出，总体上这一比值呈下降趋势，只有电子及通信设备制造业的比值呈上升趋势，这表明随着经济的发展，高技术产业研发部门的有机构成也是呈上升趋势的。

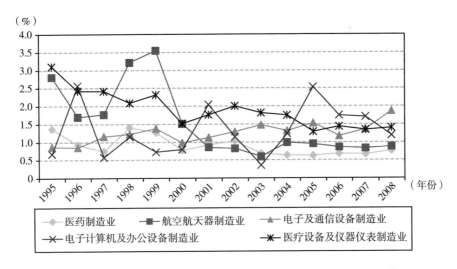

图 2 – 24 1995~2008 年中国高技术产业分行业科技活动内部经费
支出中劳务费与仪器设备费比值
资料来源：2002~2009 年《中国高技术产业统计年鉴》。

下面分析高技术产业的创新结构，技术创新是指新产品、新过程、新系统和新服务的首次商业性转化（Freeman，1982），这里的技术创新主要指产品创新和工艺创新。技术引进以及对引进技术人才消化吸收，对于技术引进国自身而言，也是技术的首次应用，因此，从广义上来讲，技术创新应该包括产品创新、工艺创新、技术引进和消化吸收四种创新行为。技术创新结构，从过程上来讲，是指创新主体将创新资源分配于这四类创新活动的比例关系；从结果来看，是指这四类创新行为获取创新成果的对比关系。一个先进的创新结构，从自主创新和技术引进的关系来看，应以自主的产品创新和工艺创新为主；从产品创新和工艺创新的关系来看，应以产品创新为主；从技术引进和消化吸收的关系来看，应更加注重消化吸收。创新结构的合理化和高级化是自主创新能力不断增强的必要条件，因此，研究创新结构演化规律及影响因素对发展创新型经济，建设国家创新系统有重要的战略意义。

中国高技术产业技术创新结构发生了较大的变化，从总体趋势上看，产品创新的比重持续增加，工艺创新和技术引进的比重处于下降趋势，消化吸收的投入比重基本保持不变。具体来看，在1995年时，高技术产业创新资金的绝大部分，即约65%都用于技术改造之中，而产品创新与技术引进的投入相当，分别为17.9%和16.16%，对引进技术的消化吸收投入最少，约占1.3%，而到2016年，产品创新则占到主导地位，约占创新总投入的91.4%，工艺创新则下降到5.7%，技术引进的比重也大幅下降，占2.7%，消化吸收的比重则更低，约0.2%。从产品创新和工艺创新的关系来看，产品创新的比重开始阶段比较低，后持续上升，在2004年时已与工艺创新大体相当，2005年则大幅超过工艺创新，二者关系大体呈现一个平放的"X"型。从技术引进和消化吸收的关系看，我国对引进技术的消化吸收投入一直比较低，始终处于"重技术引进，轻消化吸收"的状态。总体来讲，1995~2016年，高技术产业技术创新结构发生了较大的变化，产品创新迅速上升到主导地位，工艺创新的作用迅速下降，虽然技术引进在总支出的比重也在下降，但与消化吸收相比，我国对引进技术消化吸收的投入还显得十分不足。对比这些变化，下面将要通过面板回归的方法分析产品出口，以及其他一些控制变量在其中的作用，如图 2 – 25 所示。

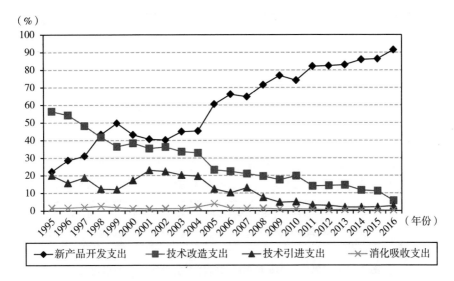

图 2 – 25　1995 ~ 2016 年中国高技术产业技术创新结构变化趋势

资料来源：2002 ~ 2017 年《中国高技术产业统计年鉴》。

三、技术创新绩效分析

关于技术创新的测度指标目前主要有三种：一是 R&D 数据；二是关于专利申请、授权和引用的数据；三是文献计量学数据（即科学出版物或引文的数据）。基于数据的可得性，本书使用专利申请数和专利授权数这两个指标，由于在《中国高技术产业统计年鉴》中，专利申请书这一指标仅到 2009 年，同时根据已有的数据显示，专利申请数与专利授权数的变化趋势基本一致，因此这里仅仅分析专利授权数。图 2 – 26 是 1995 ~ 2016 年中国高技术产业分行业的专利申请数的变化趋势，在 2002 年之后开始加速增长，从总量上看，电子及通信设备制造业的专利申请和授权最多，航空航天器制造业的专利申请和授权数最少，其他三个行业的专利申请和授权数量比较接近。

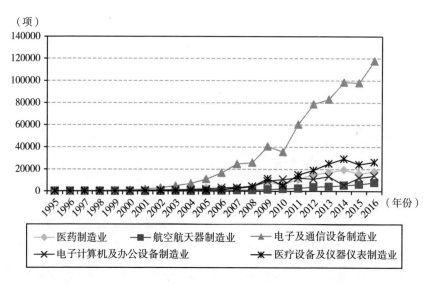

图 2 - 26　1995～2016 年中国高技术产业分行业专利申请数
资料来源：2002～2017 年《中国高技术产业统计年鉴》。

第四节　本章小结

本章是对中国高技术产业的现实发展状况进行统计性描述和分析，分析主要围绕其生产经营状况、市场结构，以及技术创新的绩效而展开，总的来看，中国高技术产业的发展具有如下的特点：

第一，速度快。中国高技术产业的整体发展速度远远高于同期国民经济的发展速度。从产值上看，平均每年约有 16% 的增速，固定资产投资每年约有 21% 的增速，出口交货值为 31%。

第二，国有比重下降，三资企业比重上升。中国高技术产业中国有及国有控股企业的比重，无论从企业数量上看，还是从产值数量上看，都在下降，三资企业的比重从这两个指标上看都在上升。尤其是电子及通信设备制造业和电子计算机及办公设备制造业，电子计算机及办公设备制造业的三资企业比重已超过 90%，电子及通信设备制造业的产值比重已超过 70%。

第三，转折性发展。中国高技术产业在 2002 年前后的发展轨迹是截然不同的，一方面可能是中国加入世界贸易组织产生的外在影响，另一方面也可能是中国的市场改革在这时已经起到了实质性的作用，致使 2002 年之后中国高技术产业有一个加速发展的时期。

第四，信息产业业绩突出。这主要是电子及通信设备制造业和电子计算机及办公设备制造业这两个产业的发展速度尤其突出，在产值规模、从业人员、出口等各个指标上都高于其他行业。

第三章

异质性条件下产品创新
最优市场结构

第一节 相关文献回顾

自从熊彼特（1942）提出垄断更有利于创新的论断之后，关于市场结构与创新关系问题的争论就从来没有停止过。尽管这一领域出现大量的理论和经验研究，其结论却常常相互矛盾。纵观这一领域60多年来的研究，总体上可分为四种观点：第一，认为垄断更有益于创新，以熊彼特（1942）为代表；第二，认为竞争更有益于创新，以阿罗（1962）为代表；第三，认为中度竞争的市场结构更能促进创新，以曼斯菲尔德（1968）为代表；第四，认为创新与市场结构之间的关系是不确定的。下面将从这四个角度对这一领域的文献进行梳理。

熊彼特（1942）提出垄断性大企业是创新的主要承担者，是经济进步的发动机。该论断被称为"熊彼特假设"，激发了众多学者的进一步研究。凯密恩和施瓦茨（1972）分析了在竞争对手的压力下企业创新进程的选择问题，得出如下结论：第一，如果创新为单个企业带来的边际收益低于为整个行业带来的边际收益，那么竞争条件下创新的引入时间晚于cartel条件下的引入时间，即使企业在创新阶段没有竞争者，但是如果它不能阻止模仿，那么创新引入时间也将被推迟；第二，激烈的竞争将会使企业无限期的推迟创新，只有当其竞争对手引入创新的条件概率低于其预期创新收益流的增长率时，企业才会着手创新项目；第三，可以通过以下几种方法将创新的引入时间提前：提高首创者的收益，降低模仿者的收益，提高竞争对手的创新速度，或者降低其模仿速度。劳里（1979）分析了众多企业为争夺固定收益进行创新竞争的行业，而这一收益只有率先完成创新的企业可以获得。继承凯密恩和施瓦茨（1976）的思想，他假设企业完成创新的时间与企业 R&D 投资之间是一种不确定的关系，因而正如谢勒（1967）所言，企业间的相互竞争将是一个非合作博弈。通过研究，劳里得出以下结论：第一，单个企业的均衡 R&D 投资与行业企业数量负相关；第二，如果 R&D 投资起初是规模报酬递增的，那么行业的期望利润将会为零，并且会有过多的 R&D 投入；第三，对于任意给定的市场结构，产业的均衡 R&D 投入高于社会最优水平；第四，如果 R&D 投资起初是规模报酬递增的，竞争性的均衡将导致过多的企业进入。本－蔡恩和菲克斯勒（1981）研究了产品创新与市场结构的关系，指出：企业在决定是否引入创新时，要考虑产品需求、创新成本，以及其他企业的创新行为这三个因素。他们把创新产品与原产品的关系区分为替代性的和互补性的，同时把创新者分为产业内企业和产业外企业，进而认为：两种类型的创新者都更倾向于互补品的创新，这种倾向又会倾向于纵向联合，提高行业集中度，并且这种集中又会提高社会的福利水平。然而上述判断与熊彼特的"创造性破坏过程"的观点是相悖的，熊彼特的创新在很大程度上是替代性的，会降低原产品的垄断性，而此处则增强了原产品的垄断性。不过，在创新与垄断的关系上，仍然与熊彼特一致。杰德洛（1981）和坦登（1984）分别得出：创新与市场集中度正相关。

阿罗（1962）建立了市场结构与创新关系的第一个理论模型，通过比较不同市场结构对创新的影响，阿罗认为：完全竞争的市场结构比垄断更有利于创新，但无论何种市场结构，其创新水平均低于社会最优水平。凯密恩和施瓦茨（1978）认为当前的利润越大，垄断者的创新激励就越小，创新的进程也会被延长；对手的竞争越激烈，为了保护自己企业的创新动力会越大。格罗斯基（Geroski，1990）把创新的收益分为直接收益和间接收益，他使用数据检验了熊彼特假说，得出结论：对于既定水平的创新收益，垄断是阻止创新的，并且垄断对创新的间接作用也很小，也就是说，在短期内现有的数据不支持熊彼特假说。

曼斯菲尔德（1968）认为中等程度的市场竞争最有利于创新，即随着市场竞争的加强，创新率先上升，后下降，呈现倒"U"型结构。支持这一观点的有德赛（1983）、莱文等（1985）、布拉赫和威尔莫（1991）、阿吉翁等（2005）等。

随着研究的深入，特别是经验研究的拓宽，不少学者发现市场结构与创新之间的关系随着行业不同而不同，也会随着时间而变化。通过对美国分行业创新数据的研究，曼斯菲尔德（1963）指出，市场结构对创新率的影响在各个产业是不一样的，在石油精炼、煤炭产业，前四大企业创新率是高于其市场占有率的，但在钢铁行业前四大企业的创新率却低于市场占有率；另外，市场结构的影响也随着时间发生变化，当前最小的钢铁、煤炭、石油企业的创新率要低于战前；最后，大企业的创新率高于小企业，需要服从一定的条件。关于竞争条件下创新资源的配置问题，谢勒（1967）做了创新性研究，谢勒假设创新项目的成本依赖于技术水平、最终产品的性能，以及创新的开发速度，而其收益则取决于创新完成的时间、最终产品的性能（与满足现有的或是潜在需求的能力有关），以及竞争对手的反应。谢勒用博弈方法研究了双寡头以及多个企业参与的古诺均衡，得出了以下结论：创新的收益流越大，企业越愿意承担创新成本；竞争对手的市场份额目标越大，创新者越有动力创新；在竞争企业不是很多的时候，竞争会加快创新；在新市场形成初期，竞争对创新的加速作用优于垄断。在谢勒（1967）的基础上，巴泽尔（Barzel, 1968）认为如果创新收益全部归创新者所得，那么垄断条件下创新时间可以同时达到私人最优和社会最优，而竞争条件下的创新引入时间则会过早，竞争会导致私人和社会的创新净收益为零；如果创新者只得到创新的部分收益，那么垄断条件下的创新引入会过迟，竞争条件下的创新引入时间则是适中的。

劳里（1979）率先把博弈论应用到市场结构与创新关系的研究中，之后许多文献是以劳里模型为基础。劳里的模型本质上是 R&D 锦标赛竞争：企业 R&D 竞争是初始的一次性投资，其结果是赢者通吃，得到全部创新收益，而失败者损失全部的 R&D 投入，他的结论是：随着行业企业的增加，单个企业的 R&D 投资会下降，其原因是企业的增多会降低其创新的期望收益。李和王尔德（Lee and Wilde，1980）改良了劳里（1979）的分析框架，将企业的 R&D 投资改为连续性的投入，取代劳里（1979）的初始一次性投入假设。其他条件与之相同，但得出截然相反的结论：企业的 R&D 投资随着竞争的增强而增加。德尔博诺和德尼科洛（Delbono and Denicolo，1991）综合了劳里（1979）以及李和王尔德（1980）的研究思想，得出：R&D 技术的提高、贴现率的下降、市场规模的扩大等都会提高企业 R&D 的投入量；在满足一定条件下，市场竞争的增强会降低企业的 R&D 投入。在劳里（1979）、李和王尔德（1980），以及德尔博诺和德尼科洛（1991）等研究中，有一个重要的假设始终没变：R&D 竞争的胜出者获得全部的收益，斯图尔特（Stewart，1983）对这一假设进行了放松，斯图尔特假设胜出者没有获得全部收益，而是只获得总收益的一部分，以参数 σ 表示，那么就存在一个最优的 σ 值 σ^*，使得整个产业的利润取得最大；并且如果 $\sigma < \sigma^*$，单个企业的 R&D 投资随着产业内竞争的增强而减少，相反如果 $\sigma > \sigma^*$，单个企业的 R&D 投资随着产业内竞争的增强而增加，如果 $\sigma = \sigma^*$，则企业的 R&D 投资与竞争程度无关。

达斯古普塔和斯蒂格利茨（1980）综合考虑了需求弹性、创新风险、进入壁垒等多种因素来研究市场结构与创新之间的关系，得出以下结论：第一，如果行业是自由进入的，当市场集中度很低时，R&D 投资与市场集中度是正相关的；第二，如果创新产品的需求是富有弹性的，那么社会最优的 R&D 支出以及单个企业的 R&D 支出随着创新所需成本的增加而减少，相反，如果需求是缺乏弹性的，则 R&D 支出随之而增加；第三，在存在进入壁垒的情况下，单个企业的 R&D 支出随着企业数量的增加而减少；第四，一个垄断者在 R&D 投资以及风险性研究项目上动力不足，而竞争性市场里的企业在风险性研究项目上的投资又会过多。艾思和奥德斯（Acs and Audretsch，1987）使用四位产业分类数据，实证发现：大企业在资本密集、广告密集的行业里有创新优势，而小企业在创新率高的产业里，以及大企业占比高的行业里有创新优势。

近年来，市场结构与创新关系研究的视野有不断扩大的趋势。阿塔拉（2002）研究了上下游企业之间有溢出时的创新，林和萨吉（Lin and Saggi，2002）比较了不同市场条件下的过程创新与产品创新；克勒尔（2005）研究了技术机会对市场结构与创新关系的影响马林和西奥蒂斯（2007）验证了萨顿（1998）提出的市场结构与创新之间的关系随产品间的替代性不同而不同。

国内学者在这一领域较多从事经验研究。周黎安、罗凯（2005）通过对中国省级面板数据的分析，认为企业规模对创新有促进作用，但这一作用主要来源于国有企业。安同良等（2006）使用江苏省企业调查数据证明了企业的 R&D 强度与企业规模之间是一种倾斜的 V 型关系。胡川（2006）研究了工艺创新对市场结构及社会福利的影响，认为市场结构的变化对生产者剩余的影响是不确定的。石军伟、付海艳（2007）把市场结构与企业创新的关系嵌入社会结构中研究，认为社会结构和市场结构共同影响企业的创新进程。吴延兵（2007）运用四位数制造业数据，研究发现：市场集中与 R&D 投入之间不存在相关性，但企业规模对 R&D 投入有显著的促进作用。陈羽等（2007）的实证分析表明，以勒纳指数表示的行业市场竞争与创新投入之间呈倒"U"型关系。朱乾龙、钱书法（2009）在网络经济的条件下，探讨了技术创新与市场结构之间联合内生的双向互动机制。

综观国内外关于市场结构与创新关系的研究，关于两者间的正向、负向或者倒"U"型等关系的观点正受到越来越多的质疑。学者们从热衷于寻求两者间确切的关系，转向探求特定的外在条件下市场结构与创新的关系。由劳里（1979）所开创的分析模型逐渐成为这类研究的基础框架。本书遵循这一思路，引入产品异质性的视角，首次同时兼顾原产品间以及新产品与原产品间的不完全替代性，拓展了劳里（1979）的工作。

第二节　异质性条件下产品创新最优市场结构模型

一、引言

世界范围内，中国的企业普遍存在着产品创新不足的问题。正是因此，创新在由"中国制造"向"中国创造"转型的过程中是弥足珍贵的。在中国建设市场经济的进程中，市场结构和创新之间存在着密切的联系。尽管众多学者都意识到特定的市场结构往往严重影响创新的程度和质量，然而，对于何种市场结构更有利于创新，一直缺乏共同的认识。一方面，在理论研究文献中，呈现出市场结构与创新之间，正向、负向或者倒"U"型等不同关系的争论；另一方面，随着近些年来经验研究的开展，关于两者间存在确切关系的观点也遭受越来越多的挑战。这样的研究背景下，对于现实中为什么不同产业市场呈现差异化表现的问题，一直缺乏令人满意的解释。这还造成了相关政策制定方向上的模糊不清。

鉴于此，本书试图在劳里（1979）所开创的模型基础上，引入产品异质性，建立理论模型。本文研究发现：那些产品差异度小，或者创新产品潜在利润高，或者创新产品对原产品的替代度低的产业，行业垄断程度越高越有利于创新；那些产品差异度大，或者创新产品潜在利润低，或者创新产品对原产品的替代度高的产业，行业竞争程度越高越有利于创新；这些参数处在中度值的那些产业，市场结构与创新的关系则呈倒"U"型结构。本书的研究突破了市场结构与创新研究文献中流行的产品同质化假定，在统一的框架下，解释了文献中既有的争论。

二、产品创新最优市场结构模型构建

本书模型主要建立在劳里（1979）的基础之上。在思想上主要来源于以下三个方面：第一个思想来源是凯密恩和施瓦茨（1976）的创新不确定性，即企业创新的完成时间与企业 R&D 投入之间是一种不确定的关系；第二个思想来源是劳里（1979）的企业间创新锦标赛竞争；第三个思想来源是谢克德和萨顿（1990）多产品模型，考虑了新产品对原产的替代性，以及萨顿（1998）的产品间的不完全替代模型。在模型构建过程中，本书针对要分析的具体问题综合考虑了以上三方面的思想。

假设存在这样一个产业，产业中共有 n 个企业，这 n 个企业的规模相同，技术水平也一样，但生产的产品略有不同，这种差异可能是产品性能的差异，也可能是一种主观上的差异，如品牌，包装等，为简化分析，假设单个企业每一期的潜在利润为：

$$\Pi_i = \frac{A}{(n+1)^\alpha} \qquad (0 < \alpha < 1) \qquad (3-1)$$

其中，A 是整个产业市场规模的一个测度。α 实际上是这一产业内各个企业产品相近程度的一个测度，$\alpha = 0$ 表明各种产品完全不同，各企业的产品与其他企业没有关系；$0 < \alpha < 1$ 表明各种产品具有一定的替代性，但不是完全的替代，当新企业进入时，一方面挤占原企业的市场份额，另一方面新企业也会开拓新的市场，因而企业的利润下降的速度低于新企业的进入速度；当 $\alpha = 1$ 时，各企业的产品完全相同，那么原企业利润下降的速度等于新企业进入的速度；若 $\alpha > 1$，则各企业产品不但相同，而且还存在价格战，随着新企业的进入，原企业利润加速下降。本书只考虑 $0 < \alpha < 1$ 的情况。

在初始条件对称的条件下，现在的问题是各个企业如何作产品创新的决策。首先创新需要有创新的投入，为简化分析这里假设创新投入是期初一次性的，那么各个企业的投入为 x_i，由于创新具有不确定性，但是创新投入越多，创新成功的可能性就越大，其完成的时间也会越早，这里假设企业创新投入与其创新完成时间有如下关系：

$$P\ (t_i \leqslant t)\ = 1 - e^{-x_i^\beta t} \qquad (0 < \beta < 1) \qquad (3-2)$$

$0 < \beta < 1$ 表示企业创新投入的作用是规模报酬递减的，这里假设不存在技术外溢，即各个企业之间的创新活动在技术上是相互独立的，那么企业 i 率先完成创新的概率分布为：

$$P(t_i \leqslant t, t_{-i} > t)\ = (1 - e^{-x_i^\beta t}) e^{-\sum\limits_{j \neq i} x_j^\beta t} \qquad (3-3)$$

如果企业 i 率先完成了创新，那么它可以对这一创新申请专利保护，为简化分析这里假设专利为无限期的，那么企业 i 每年可获得的利润为 B（不考虑创新成本），若贴现率为 r，那么企业 i 在新产品上的期望利润的现值为：

$$E\Pi_i^n = \int_0^{+\infty} B(1 - e^{-x_i^\beta t}) e^{-\sum\limits_{j \neq i} x_j^\beta t} e^{-rt} \mathrm{d}t$$

$$= B\left(\frac{1}{r + \sum\limits_{j \neq i} x_j^\beta} - \frac{1}{r + \sum x_i^\beta} \right) \qquad (3-4)$$

新产品对原产品市场是有影响的，创新完成后，企业 i 原产品市场的每期利润为：

$$\Pi_i^o = \frac{\delta A}{(n+1)^\alpha} \qquad (0 < \alpha < 1,\ \delta \geqslant 0) \qquad (3-5)$$

$\delta = 0$ 表明新产品完全替代了老产品；若 $0 < \delta < 1$，则表示新产品是老产品的不完全替代品，δ 越大替代程度越低；若 $\delta = 1$，则两种产品没有关系；若 $\delta > 1$，则新产品是原产品的互补品，会扩大原产品的市场容量。这样，在第 t 期，企业 i 的利润有两种可能，一种是市场上已经有了创新产品，一种是没有创新产品，那么企业 i 在原市场的期望利润（不考虑创新成本）的现值为：

$$E\Pi_i^o = \int_0^{+\infty} \frac{\delta A}{(n+1)^\alpha}(1 - e^{-\sum x_i^\beta t})e^{-rt}\mathrm{d}t + \int_0^{+\infty} \frac{A}{(n+1)^\alpha}e^{-\sum x_i^\beta t}e^{-rt}\mathrm{d}t$$

$$= \frac{\delta A}{(n+1)^\alpha}\left(\frac{1}{r} - \frac{1}{r + \sum x_i^\beta}\right) + \frac{A}{(n+1)^\alpha}\frac{1}{r + \sum x_i^\beta} \qquad (3-6)$$

那么在综合考虑了企业的创新成本，以及在各个市场的利润后，企业 i 总的期望利润的现值为：

$$E\Pi_i = B\left(\frac{1}{r + \sum_{j \neq i} x_j^\beta} - \frac{1}{r + \sum x_i^\beta}\right) + \frac{\delta A}{(n+1)^\alpha}\left(\frac{1}{r} - \frac{1}{r + \sum x_i^\beta}\right)$$

$$+ \frac{A}{(n+1)^\alpha}\frac{1}{r + \sum x_i^\beta} - x_i \qquad (3-7)$$

企业 i 的目标就是最大化其期望利润，其一阶条件为：

$$\frac{B\beta x_i^{\beta-1}}{(r + \sum x_i^\beta)^2} + \frac{\delta A\beta x_i^{\beta-1}}{(n+1)^\alpha(r + \sum x_i^\beta)^2} - \frac{A\beta x_i^{\beta-1}}{(n+1)^\alpha(r + \sum x_i^\beta)^2} - 1 = 0$$

$$(3-8)$$

纳什均衡后各企业有相同的创新投入，用 x 表示，那么这一投入应满足：

$$\frac{B\beta x^{\beta-1}}{(r + nx^\beta)^2} + \frac{\delta A\beta x^{\beta-1}}{(n+1)^\alpha (r + nx^\beta)^2} - \frac{A\beta x^{\beta-1}}{(n+1)^\alpha (r + nx^\beta)^2} - 1 = 0$$

$$(3-9)$$

三、均衡分析

第二部分得出了单个企业的均衡创新投入量，对式（3-9）略做变形，可得：

$$\frac{\beta x^{\beta-1}}{(r+nx^\beta)^2}\left(B-\frac{(1-\delta)\,A}{(n+1)^\alpha}\right)-1=0 \qquad (3-10)$$

由式（3-10）可知，只有当

$$B-\frac{(1-\delta)\,A}{(n+1)^\alpha}>0 \qquad (3-11)$$

时，式（3-9）才有正数解，即只有当新市场的收益大于老市场的损失时，企业才会有创新投入，否则企业的最优创新投入量始终为零，此处假设这一条件满足。在此条件下分析企业的均衡创新投入与行业企业数量 n 的关系，由于模型的复杂性，无法给出 x 与 n 的显式关系，下面使用 Matla7.0对二者关系进行数值模拟。在图3-1中取 $\alpha=0.5$，$\beta=0.5$，$\delta=0.4$，$r=0.05$，$A=5$，$B=1$，对企业的 R&D 投入量与行业的企业数 n 进行数值模拟，从结果上看整条曲线呈现倒"U"型结构，即随着市场竞争的增强，企业的 R&D 投入先上升后下降。也就是说在产业内各企业的产品

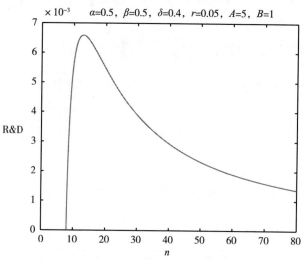

图3-1 产品创新投入与市场结构

差异度（α）、R&D 投入的效应（β）、原行业的潜在容量（A）、创新产品的潜在利润（B）给定的条件下，存在一个最有利于创新的市场结构，这与曼斯菲尔德（1968）的中度竞争的市场结构最有利于创新的观点相接近。

然而，从第二部分的理论综述可以知道，无论是理论上，还是从经验上市场结构与创新的关系都是纷繁杂乱的，远远达不到统一，在关键经验数据上有的学者支持"熊彼特假设"，有的学者支持阿罗（1962）的观点，即使那些随行业和时间而变化的观点也有经验支持。当经验结构与理论结构不统一的时候，理论创新的任务就摆在了理论工作者的面前，调整理论结构，或者提出新的分析框架，把各种经验纳入一个新的统一的范畴内。实际上，现实产业中的各种经验可以统一于本研究的分析框架之中，这里只需要调整产品差异度（α）这一参数，问题都会迎刃而解，如图 3-2 所示的数值模拟。

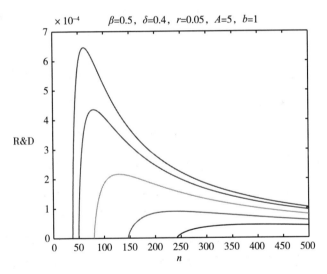

图 3-2 产品差异度对产品创新投入与市场结构关系的影响

图 3-2 中其他参数值与图 3-1 的相同，只是调整了 α 值，从上到下五条曲线的 α 值分别为：0.3、0.28、0.25、0.22、0.2，这实质上代表了五种产业类型，从上到下这五种产业的产业内产品差异度依次增大。从图 3-2 中可以观测到，随着产业内产品差异度的增大，产业的最有利于创

新的市场结构所要求的企业数逐步增多，即所要求的竞争逐步增强；但在最优的市场结构时企业的 R&D 投入量也在逐步下降。在图 3－2 中观测到的市场结构与创新投入的关系似乎仍然是一个倒"U"型结构，还无法统一前述的各种观点，这是因为 α 值取的还是中度值，看过图 3－3 的极端情形的模拟后，这些观点就会统一起来。

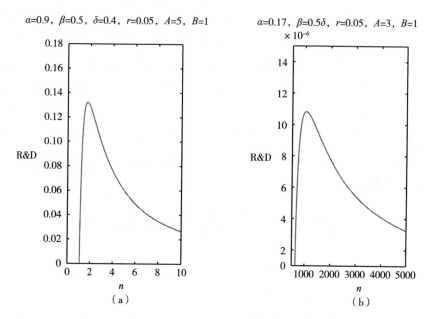

$\alpha=0.9$，$\beta=0.5$，$\delta=0.4$，$r=0.05$，$A=5$，$B=1$　　　$\alpha=0.17$，$\beta=0.5\delta$，$r=0.05$，$A=3$，$B=1$

图 3－3　极端产品差异度下产品创新投入与市场结构关系

图 3－3（a）是产品差异度极小（$\alpha=0.9$）时的情形，从中可以观测到最有利于创新的产业结构是垄断，此时企业的 R&D 投入量是最高的，随着企业的增多，行业竞争程度增强，企业的 R&D 投入则不断下降，这就是熊彼特（1942）的情形，因此，在现实的产业中如果行内的产品差异度小到一定程度，那么这个行业垄断程度越高越有利于创新。图 3－3（b）是行业的产品差异度比较大（$\alpha=0.17$）时的情形，从中可以看出最优的市场结构要求的企业数在 1000 个以上，同时还可以模拟出，当 α 值不断缩小时，最优的市场结构要求的企业数会迅速增加到无穷大，这正是阿罗（1962）所观察到的情形：竞争程度越高越有利于创新。综合前面的论述可以得到下面命题 1：

命题 1： 对于任意一个产业，企业的 R&D 投入量与产业内的竞争度的关系在整体上呈倒"U"型结构；在其他条件相同的情况下，不同产业最有利于创新的市场结构所要求的竞争度与产业内产品差异度成正比，产品差异度极小的产业的最优市场结构为垄断，产品差异度极大的产业的最优市场结构为完全竞争；在各产业的最优市场结构下，企业的 R&D 投入量与产品差异度成反比。

上面分析的是产品差异度对市场结构与企业创新关系的影响，下面分析其他参数对这一关系的影响，首先分析 β 和 r 的影响。在模型中 β 代表的是创新投入对创新完成时间的影响，在此可以认为是 R&D 投入的边际生产力，β 越大表明 R&D 投入的边际生产力越高，从而创新投入对创新完成时间的缩短量也就越大。图 3-4（a）模拟的就是 β 对市场结构与创新关系的影响，其中 $\alpha = 0.5$，$r = 0.05$，$\delta = 0.4$，$A = 5$，$B = 1$，从上到下的五条曲线的 β 值分别为 0.5、0.4、0.3、0.2、0.1。从中可以清楚地看出：β 值对市场结构与创新的关系没有影响，而在相同条件下企业的 R&D 投入量与其边际生产力成正比。图 3-4（b）所示是贴现率 r 对市场结构与创新关系的影响，其中 $\alpha = 0.5$，$\beta = 0.05$，$\delta = 0.4$，$A = 5$，$B = 1$，r 从上到下分别为 0.05、0.3、0.5、0.7、0.9。从中可以得出：贴现率对市场结构与创新的关系也没有影响，而其他条件一定的条件下，企业的 R&D 投入与市场贴现率成反比。综上可以得到命题2：

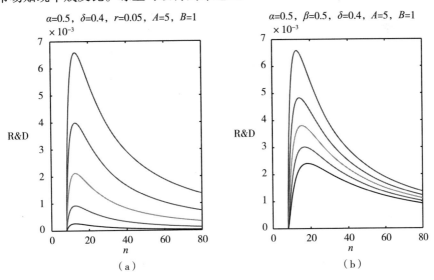

图 3-4　R&D 边际生产力、贴现率对产品创新投入与市场结构关系的影响

命题2：产业 R&D 投入的边际生产力和市场贴现率二者都不影响市场结构与创新的关系；给定其他条件，企业的 R&D 投入量与 R&D 的边际生产力成正比，与市场的贴现率成反比。

最后分析 A、B、δ 这三个参数对市场结构与创新关系的影响。在模型中 $(1-\delta)A$ 表示的是新产品对原产品的替代程度，因此，此处可以将 δ 和 A 这两个参数合成 $(1-\delta)A$ 这一复合参数统一分析，B 表示的是创新产品的每期利润。图 3-5 模拟的是新产品的利润（B）、新产品对原产品的替代度 $[(1-\delta)A]$ 这两个参数对市场结构与产品创新关系的影响。图 3-5（a）模拟的是 B 的影响，其中 $\alpha=0.5$、$\beta=0.5$、$\delta=0.4$、$r=0.05$、$A=5$，从上到下五条曲线 B 的取值分别为 1、0.9、0.8、0.7、0.6，从中可以观测到：随着 B 值的不断减小，最有利于创新的市场结构所要求的企业数量是不断增加的，此处模拟的 B 值都是中度值，同时可以模拟出当 B 趋于零时，最有利于创新的市场结构将趋于完全竞争，而当 B 大到一个临界值时，最有利于创新的市场结构将为垄断。在各最优的市场结构下，企业的 R&D 投入量与 B 值是正相关的，当 B 趋于零时 R&D 也趋于零，由此可以得到命题3。

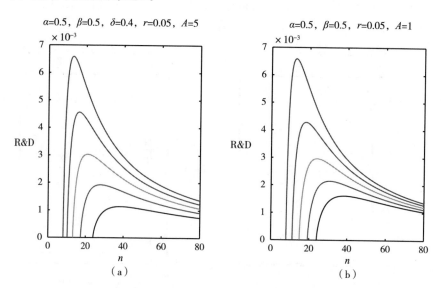

图3-5　新产品利润及对原产品替代度对产品创新投入与市场结构的影响

命题3：*其他条件一定时，产业最有利于创新的市场结构所要求的竞*

争程度与创新产品的利润成反比，当创新产品的利润极低时，最优的市场结构为完全竞争，当创新产品的利润高的一定程度时，最优的市场结构为垄断；在各最优的市场结构中，企业的 R&D 投入量与创新产品的利润成正比。

图 3-5（b）模拟的是新产品对原产品的替代度 $(1-\delta)A$ 对市场结构与创新关系的影响，其中 $\alpha=0.5$、$\beta=0.5$、$r=0.05$、$B=1$，从上到下五条曲线的 $(1-\delta)A$ 取值分别为 3、3.5、4、4.5、5，可以观察到图 3-5（a）、（b）形状极为相似，即新产品对原产品的替代度 $(1-\delta)A$ 和新产品的利润对市场结构与创新关系的影响基本上是一致的。随着新产品对原产品的替代度的增加，最优市场结构所要求的企业数量是递增，当趋于完全替代时，所要求的市场结构也趋于完全竞争，另外，当替代度低到一定程度，垄断就成为最优的市场结构；而在各产业最优的市场结构下，企业的 R&D 投入与替代度成反比，当趋于完全替代时，R&D 趋于零。综上可以得到命题 4。

命题 4：其他条件一定时，产业最有利于创新的市场结构所要求的竞争程度与新产品对原产的替代度正比，当替代度极高时，最优的市场结构为完全竞争，当替代度低到一定程度时，最优的市场结构为垄断；在各最优的市场结构中，企业的 R&D 投入量与替代度成反比。

第三节　中国高技术产业的实证检验

一、理论假设

第二节的理论研究系统分析了市场结构对产品创新的影响，研究的"最优市场结构"实质上是创新投入最大的市场结构。因为产品创新和创新投入之间是一种不确定的关系，但是从统计上看，给定其他条件，创新投入越多，创新成果就会越多，即二者是一种正相关的关系，只是二者之间的相关存在着不确定性。因此，将创新投入最大的市场结构视为最优市场结构在理论上是成立的，当然，这里的最优指的是最有利于创新。在前面的研究中，我们得出了四条理论结果，根据前述命题提出理论假设，作为本节检验的对象。

从命题1看，最优的市场结构受多种因素的影响，和创新之间的关系是不确定的，即在现实中最优的市场结构或是竞争，或是垄断，或是中间的某种状态，当市场结构有所变化时，创新的投入增减也就不确定了。因此，我们可以得到假设1。

假设1：产品创新投入与市场竞争正（或负）相关。

命题2主要讲的是产品创新投入与企业的R&D边际生产力正相关，企业R&D边际生产力实际上就是企业的研发效率，同时命题2还涉及了市场利率的问题，但鉴于我国市场利率变异性不强，这里就不做检验，因此我们可以得到需要检验的假设2。

假设2：产品创新的投入与企业R&D边际生产力正相关。

命题3一方面讲了创新产品的利润如何影响最优市场结构，另一方面讲了给定其他条件创新产品的利润是如何影响创新投入的，由于市场结构与创新投入关系的假设已经在假设1中做出，这里不再赘述，此处仅给出创新产品利润与产品创新投入关系的假设。

假设3：产品创新投入与创新产品的利润正相关。

命题4一方面论述了产品差异度对最优市场结构的影响，另一方面又研究了产品差异度本身对产品创新投入的影响，由于产品差异度这一指标在现实中没有直接的数据与之对应，尤其在中国高技术产业的统计中更是缺乏，因而这一理论在此不做检验。

二、数据及变量的选取

这里我们选取的是中国高技术产业作为检验的对象，在中国高技术产业统计中，产品创新投入有直接的指标，其为"新产品开发经费支出"，创新投入可用这一指标来表示。市场竞争的强弱在产业组织理论中通常用市场集中度来度量，市场集中度的指标也有多种：行业集中率、赫尔芬达尔指数、洛伦兹曲线、基尼系数、逆指数和熵指数等，其经济含义大致上是一致的，都是来度量市场产量的集中水平，鉴于数据的可得性，我们这里用行业内大中型企业的营业收入占整个行业营业收入的份额来表示市场集中度，即竞争水平，市场集中度越高，表明行业的竞争越小。因此我们这里选择的指标，一个是指标值与市场竞争是负向关系；另一个指标是企业的 R&D 边际生产力，即企业研发效率。企业的研发效率主要取决于企业所拥有的人力资本，这里用 R&D 活动人员全时当量来表示。最后一个指标是创新产品的利润，在中国高技术产业统计中没有这一指标，但根据企业定价的通常规律，其定价是成本加成法，因此，创新产品的利润应与其销售收入高度相关的，继而我们可以用创新产品的销售收入作为创新产品利润的替代变量。其具体的数据见表 3 – 1。

表 3 – 1　　　　　　　中国高技术产业产品创新投入数据

产业	年度	新产品开发经费支出（亿元）	新产品销售收入（万元）	R&D活动人员全时当量（人年）	全行业营业收入（亿元）	大中型企业营业收入（亿元）	大中型企业营业收入占比（%）
医药制造业	1995	46368	615318	9528	902.67	572.94	63.4717
	1996	65558	687111	10936	1043.34	647.3	62.04114
	1997	76865	932232	11303	1177.58	736.1	62.50955
	1998	76481	1039185	10860	1264.1	816.51	64.5922
	1999	99603	1194476	13015	1378.96	921.15	66.800342
	2000	147855	1702574	12136	1627.48	1069	65.684371
	2001	140961	2021148	15229	1924.39	1303.76	67.749261
	2002	189533	555448	18220	2279.98	1529.46	67.082167
	2003	228629	691608	17518	2750.73	1944.08	70.675057
	2004	264969.8	3887153	13931	3033	1979.7	65.272008
	2005	447725	4693608	19584	4019.8316	2674.6631	66.536696
	2006	557575.9	5699191	25391	4718.8193	3013.3013	63.857103
	2007	739435.1	7126886	30778	5967.13	3721.85	62.372531
	2008	871913.7	9489106	40192	7402.33	4518.33	61.039294
	2009	1550581	15924583	70065	9087	5487.8	60.391768
	2010	1314022	16755263	55234	11417.3	6868.2	60.156079
	2011	2330718	23170435	93467	14484.38	9013.1595	62.226755
	2012	3082346	29286008	106684	17337.7	11036.8	63.657809

产业	年度	新产品开发经费支出（亿元）	新产品销售收入（万元）	R&D活动人员全时当量（人年）	全行业营业收入（亿元）	大中型企业营业收入（亿元）	大中型企业营业收入占比（％）
医药制造业	2013	3645006	36061674	123200	20484.224	13039.013	63.653926
	2014	4079308	43018345	133902	23350.33	15232.611	65.2351
	2015	4279485	47362675	128589	25729.534	17008.977	66.106821
	2016	4978806	54227527	130570	28206.114	18854.572	66.845692
航空航天器制造业	1995	101751	590144	24769	262.49	253.66	96.636062
	1996	115331	467099	39188	293.6	254.6	86.716621
	1997	99423	487363	40748	300.16	292.78	97.541311
	1998	114975	346817	18145	323.01	306.37	94.848457
	1999	123617	553283	33532	323.67	305.03	94.241048
	2000	114280	813277	30835	377.83	352.26	93.232406
	2001	104164	960797	32096	443.6	433.87	97.806583
	2002	195074	158650	36112	499.9	490.38	98.095619
	2003	198839	162464	28165	547.2	538.21	98.357091
	2004	228990.4	2124848	24026	498.4	471.8	94.662921
	2005	301632.3	3373540	29870	781.36927	753.91755	96.486716
	2006	349523.4	3050431	27374	798.87548	765.03882	95.764464
	2007	438266	3791330	27182	1006.36	964.65	95.85536
	2008	494423	4729806	19346	1162.04	1107.4	95.297924
	2009	774624	2760872	23265	1322.8	1254	94.798911
	2010	1033408	4721627	28249	1592.4	1495.6	93.921125
	2011	1481883	5270131	32329	1934.3079	1831.1769	94.668329
	2012	1674417	6391332	43071	2329.9	1650.8	70.852826
	2013	1856287	7566092	47875	2853.1501	2190.9789	76.791575
	2014	2026148	11185051	41043	3027.5631	2682.4377	88.600557
	2015	1772021	13801343	45832	3412.5711	3079.2474	90.232475
	2016	1909535	15336596	37397	3801.6668	3447.6188	90.687033

续表

产业	年度	新产品开发经费支出（亿元）	新产品销售收入（万元）	R&D活动人员全时当量（人年）	全行业营业收入（亿元）	大中型企业营业收入（亿元）	大中型企业营业收入占比（%）
电子及通信设备制造业	1995	122301	3501781	15398	2052.78	1313.47	63.984937
	1996	173135	4228710	27114	2255.03	1457.55	64.635504
	1997	233205	5116288	28538	2933.71	1826.24	62.250188
	1998	421901	8040348	30129	3506.62	2216.72	63.21529
	1999	513796	9397747	31740	4458.34	2787.13	62.514972
	2000	736736	16308150	36625	5871.15	3740.25	63.705577
	2001	880835	18780625	49250	6723.63	5265.33	78.310823
	2002	1010877	1672406	49675	7658.67	5784.45	75.528127
	2003	1187605	1882699	61643	9927.14	8513.24	85.757227
	2004	1448100.5	40264332	60514	13819.1	11801.9	85.402812
	2005	2611326.1	38520369	95091	16646.253	14416.957	86.607822
	2006	3122449.3	41734821	97816	21068.859	18058.808	85.713268
	2007	3928725.8	60130164	142408	24823.58	21461.37	86.45558
	2008	4865649.8	67590765	172230	27409.9	23037.35	84.047552
	2009	6159516	86981738	209668	28465.5	23735.9	83.384799
	2010	5392710	90714882	211512	35984.4	30120.3	83.703772
	2011	10253240	115181309	272062	43206.344	37033.521	85.713156
	2012	12061842	136954427	340679	52799.1	44900.4	85.040086
	2013	14414560	193907207	356885	60633.885	49173.41	81.098894
	2014	16853109	223221172	380683	67584.208	57050.149	84.41343
	2015	19138167	267002580	402513	78309.933	66152.982	84.475851
	2016	22741770	318206468	416806	87304.681	73367.612	84.036287
电子计算机及办公设备制造业	1995	14946	366412	1355	378.51	170.96	45.166574
	1996	25549	1362764	4278	550.33	224.31	40.759181
	1997	68773	1149145	7660	801.29	364.53	45.492893
	1998	52492	2255762	4028	1068.43	576.93	53.997922
	1999	155353	3564635	6139	1199.2	699.08	58.29553
	2000	133132	5369985	3941	1599.12	656.83	41.074466
	2001	165469	6293591	6683	2295.72	1530.86	66.683219

产业	年度	新产品开发经费支出（亿元）	新产品销售收入（万元）	R&D活动人员全时当量（人年）	全行业营业收入（亿元）	大中型企业营业收入（亿元）	大中型企业营业收入占比（%）
电子计算机及办公设备制造业	2002	233161	408558	6589	3441.67	2334.97	67.844099
	2003	379397	571549	12393	6305.97	5610.98	88.978857
	2004	565735.8	13420050	13578	9192.7	8542.1	92.922645
	2005	617787.6	20700912	17484	10722.152	10034.258	93.584366
	2006	828065.5	29631088	24591	12634.181	11868.798	93.941964
	2007	1013363.6	28147354	29712	14887.28	14304.24	96.083637
	2008	1252080	42277386	31052	16499.01	15579.53	94.42706
	2009	1363178	23009386	39487	16432	15640.7	95.184396
	2010	1479659	44214684	68509	19957.7	19142	95.912856
	2011	2203755	68085415	49248	21163.534	20394.33	96.365425
	2012	2405466	67173270	62783	22045.2	21262.5	96.449567
	2013	2041757	57374228	59940	23214.167	22240.124	95.804104
	2014	2054648	57159199	60181	23499.067	22429.651	95.449115
	2015	1944643	54940528	57035	19407.948	18099.436	93.257852
	2016	2457057	54641230	49005	19760.141	18283.627	92.527814
医疗设备及仪器仪表制造业	1995	37441	310008	6788	320.67	148.31	46.250039
	1996	33294	240931	9078	355.06	164.46	46.318932
	1997	48098	366779	7840	405.38	189.8	46.820267
	1998	42520	390428	7717	417.76	206.42	49.411145
	1999	51923	546702	8163	460.06	222.92	48.454549
	2000	45938	644216	8036	558.13	260.84	46.734632
	2001	53973	702453	8313	627.97	289.45	46.092966
	2002	61465	117865	7852	734.04	310.72	42.330118
	2003	81419	212746	8128	880.48	419.98	47.698982
	2004	80404.5	1293123	8782	1303	603.2	46.29317
	2005	178444.8	1858204	11132	1752.18	908.97671	51.876902
	2006	241920.2	2373116	13815	2363.8224	1253.5954	53.032555
	2007	400493.4	3836483	18148	3029.75	1663.87	54.917732
	2008	499940.6	4707678	22260	3255.63	1711.07	52.557262

产业	年度	新产品开发经费支出（亿元）	新产品销售收入（万元）	R&D活动人员全时当量（人年）	全行业营业收入（亿元）	大中型企业营业收入（亿元）	大中型企业营业收入占比（%）
医疗设备及仪器仪表制造业	2009	1161565	8690643	46735	4259.4	2159.1	50.690238
	2010	849586	7241173	35570	5530.9	2875.1	51.982498
	2011	1639803	13026204	64068	6738.6379	3793.2789	56.291478
	2012	2057875	15905343	70029	7772.1	4389	56.471224
	2013	2321937	17386899	82322	8863.4754	4991.2393	56.312441
	2014	2652773	20357979	85631	9906.5007	5665.4009	57.188719
	2015	2767238	21792583	83521	10471.846	5887.7414	56.224482
	2016	3034641	25014346	86292	11651.865	6480.7094	55.619501

资料来源：2002～2017年《中国高技术产业统计年鉴》。

三、经验检验

根据国家统计局 2002 年公布实施的高技术产业统计目录，我国高技术产业一共有五大部类，根据四位产业代码分有 62 个行业，此处我们按照五大部类进行检验，分别是医药制造业、航空航天器制造业、电子及通信设备制造业、电子计算机及办公设备制造业和医疗设备及仪器仪表制造业，时间期限为 1995～2016 年。其计量模型为：

$$y_{it} = \alpha_{it} + x'_{it}\beta_{it} + u_{it}, i = 1,2,3,4,5, t = 1995,\cdots,2016 \qquad (3-12)$$

其中，$x_{it} = (XCPC_{it}, KXGC_{it}, SCJZ_{it})'$，自变量分别是新产品销售收入（$XCPC_{it}$），用来替代新产品的利润；科技 R&D 活动人员全时当量（$KXGC_{it}$），用来表示 R&D 边际生产力；大中型企业销售收入占全行业的比重（$SCJZ_{it}$），用来表示市场竞争的强弱；因变量是新产品开发支出（y_{it}），用以表示产品创新投入。在做回归之前首先要检验变量的平稳性，表 3-2 是变量单位根检验结果。

表 3 - 2   变量单位根检验

检验方法	Y	XCPC	KXGC	SCJZ
LLC	0.24526 (1.0000)	0.23663 (1.0000)	0.16566 (1.0000)	-0.16877 (0.2295)
IPS	7.832 (1.000)	8.269 (1.000)	4.773 (1.000)	0.679 (0.751)
FISHER	0.0057 (1.0000)	0.0096 (1.0000)	0.7776 (0.9999)	9.5938 (0.4768)
检验方法	一阶差分	一阶差分	一阶差分	一阶差分
LLC	-1.16245 (0.0303)	-1.30044 (0.0967)	-1.61535 (0.0531)	-1.30486 (0.0000)
IPS	0.086 (0.0412)	-2.58942 (0.0000)	0.402 (0.015)	-2.728 (0.003)
FISHER	13.8233 (0.1812)	-5.793 (0.000)	29.2248 (0.0011)	39.1425 (0.0000)

从表 3 - 2 的检验结果来看，4 个变量都不平稳，但做了一次差分后，自变量和因变量都平稳了，也就是说自变量和因变量都是一阶单整的。当变量是同阶单整时，可以通过变量间的协整检验来判断它们之间是否存在长期的协整关系。佩德罗尼（Pedroni，1999）以回归方程的残差为基础，构建了 7 个统计量来进行协整检验，其中三个是组间统计量，四个是组内统计量，佩德罗尼（1999）指出，对于小样本的数据，当面板的时期数小于 20 时，面板 ADF（Panel ADF）和组 ADF（Group ADF）的效果最好，面板 v（Panel v）和组 rho（Group rho）的效果较差，其他处于中间。由于我们使用的是 1995～2008 年的数据，时期数小于 20，因此协整检验的结果主要依据面板 ADF 和组 ADF 这两个指标，其他作为参考。从表 3 - 3 的检验结果来看，面板 ADF 和组 ADF 两个指标都高度显著，因此我们可以认为变量之间存在长期的稳定关系。

表 3 - 3　　　　　　　　　　　变量协整检验结果

检验方法	统计量	P 值
面板 v 统计量	0.492030	0.3113
面板 rho 统计量	1.789754	0.9633
面板 PP 统计量	− 2.704803	0.0034
面板 ADF 统计量	− 4.257869	0.0000
组 rho 统计量	2.040540	0.9794
组 PP 统计量	− 3.950296	0.0000
组 ADF 统计量	− 1.993248	0.0231

变量的单位根检验表明各变量是同阶单整的，这样对原始数据的回归就是有效的，协整检验又表明变量之间存在长期的稳定关系，因此下面可以对高技术产业的数据做回归。面板数据的回归首先要确定截面之间的效应是随机效应还是固定效应，这可以通过豪斯曼检验来甄别，表 3 - 4 是豪斯曼检验的结果。从豪斯曼检验结果来看支持固定效应模型，因此下面的回归采用固定效应模型。

表 3 - 4　　　　　　　　　　豪斯曼检验结果

检验项目	卡方统计量	卡方自由度	P 值
截面随机效应	69.073263	3	0.0000

面板回归的固定效应模型又为不变系数模型、变截距模型和变系数模型，因此下面的问题就是确定选择哪一种模型进行回归，这要通过 F 检验来识别。F 检验有两原假设：

$$H_1: \beta_1 = \beta_2 = \cdots = \beta_n, \quad \alpha_1 = \alpha_2 = \cdots = \alpha_n \qquad (3 - 13)$$

$$H_2: \beta_1 = \beta_2 = \cdots = \beta_n \qquad (3 - 14)$$

其检验过程是：首先建立变系数模型，求得其残差平方和 s_1，并算出其自由度；其次构建变截距模型，求得其残差平方和 s_2，并算出其自由度；最后构建不变系数模型，求得其残差平方和 s_3，并算出其自由度。然后根据上面的残差构建两个 F 统计量：

$$F_1 = \frac{(s_3 - s_1)/[(N - 1)(k + 1)]}{s_1/[N(T - k - 1)]} \sim F[(N - 1)(k + 1), N(T - K - 1)]$$

$$(3 - 15)$$

$$F_2 = \frac{(s_2 - s_1)/[(N-1)k]}{s_1/[N(T-k-1)]} \sim F[(N-1)k, N(T-K-1)] \quad (3-16)$$

首先根据 F_1 检验 H_1，当接收假设 H_1 时为不变系数模型，若拒绝 H_1 则根据 F_2 检验假设 H_2，如果接收 H_2 则为变截距模型，否则为变系数模型。根据这一原则，我们看表 3-5 的 F 检验结果，从中可以看出 F_1 高度显著，即拒绝假设 H_1，然后 F_2 显著水平为 0.128462，在 10% 的水平上是不显著的，因此不能拒绝假设 H_2。综上检验结果，此处的面板回归应该采用固定效应的变截距模型。

表 3-5　　　　　　　　　　模型识别的 F 检验

s_1	s_2	s_3	F_1	p	F_2	p
6.12E+11	1.11E+12	2.61E+12	5.10E+00	0.000153	1.70E+00	0.128462

表 3-6　　　　　　　　　　回归结果

变量	系数	标准误	t 统计量	P 值
	-300448.3	85817.99	-3.500994	0.0009
XCPC	0.015431	0.004210	3.665247	0.0005
KXGC	20.67375	1.708120	12.10322	0.0000
SCJZ	-307046.2	142126.8	-2.160368	0.0350

$\overline{R}^2 = 0.975432$，F 统计量 = 364.0090，托宾 - 沃森统计量 = 1.385780

各种检验之后，表 3-6 给出了固定效应变截距的回归结果，在表 3-6 中各回归系数都十分显著，其中创新投入和新产品产值（利润）高度正相关，与企业科技活动中科学家和工程师数量（R&D 边际生产力）高度正相关，这与理论假设都是相符的。最后产品创新与市场竞争的回归系数是 -307046.2，且在 5% 的水平上是显著的，由于此处市场竞争选取的指标是大中型企业销售收入占行业的份额，该指标值越大，表明市场竞争越弱，从检验结果来看，中国高技术产业产品创新投入与市场竞争的关系整体上是正相关的，即市场竞争的增强会促进高技术产业的产品创新。结合前面的倒"U"型理论，这说明中国高技术产业竞争不足，从实际的数据来看中国高技术产业的市场集中度确实很高。首先，由表 3-7 的统计性描述可以看出，中国高技术产业从整体上看大中企业的产出份额占整个行业的 75.7%，处在较高的水平上，而集中程度最高的航空航天器制造业的大中型企业份额 1995～2016 年的平均水平为 92.55%，最高的年份达到 98.36%，可以说基本是垄断。其次，从 1995～2016 年市场结构的变化趋势来看，航空航天器制造业的集中度基本上没有变化，一直在高位水平，电子计算机及办公设备制造业的垄断程度在不断提高，其他三个行业医疗设备及仪器仪表制造业、电子及通信设备制造业和医药制造业在 2002 年之前市场结构基本稳定，在此之后有一个显著的下降期，近年又有回升。总之，中国高技术产业的市场集中度从产品创新的角度看已经显得过高今后的政策方向应该鼓励竞争，限制垄断。

表 3 - 7　　　　　　　　中国高技术产业市场竞争统计性描述

变量	观测值	均值	标准差	最小值	最大值
高技术产业	22	75.70311	9.275208	60.58756	84.8681
医药制造业	22	64.45261	2.634025	60.15608	70.67506
航空航天器制造业	22	92.54979	6.831596	70.85283	98.35709
电子及通信设备制造业	22	78.18163	9.630313	62.25019	86.60782
电子计算及办公设备制造业	22	79.10016	21.65788	40.75918	96.44957
医疗设备及仪器仪表制造业	22	50.88954	4.461458	42.33012	57.18872

第四节　本章小结

从产品异质性的角度来分析不同的市场结构对于产品创新的影响。我们认为，对于那些产品差异度极低、创新产品的利润极高、新产品对原产品替代度极低的产业，垄断程度越高越有利于创新，熊彼特（1942）的观点与这种产业的情况是相符的；对于那些产品差异度极高、创新产品的利润极低、新产品对原产品替代度极高的产业，竞争程度越高越有利于创新，阿罗（1962）的观点符合这种特征的产业；以上两种都属于极端的情形，现实产业的特征基本上处于二者之间，只是有些倾向于竞争强一点的市场结构，有些倾向于竞争弱一点的市场结构，因而总体上市场结构与创新的关系表现为倒"U"型结构，只是一个拐点更靠近竞争，还是更靠近垄断的问题。若拐点接近竞争的市场结构，则实证检验上可能得出竞争性的市场结构更有利于创新；若拐点接近垄断的市场结构，则会得出垄断性强的市场结构更有利于创新，当然，若拐点更靠近中间，则会检验出中度的市场竞争更有利于创新，也就是曼斯菲尔德（1968）的观点。因此从创新的角度看，政府在政策上不能盲目地反对垄断或者竞争，这要视具体的产业特征而定，为更好地促进产业创新，政府在政策上可以采取以下措施。

第一，对于产品差异程度低的产业，最有利于创新的市场结构是偏向于竞争性的，如果此时的市场竞争不足，就会出现创新动力不足的局面，那么此时的产业政策应是消除行业壁垒，打破可能的垄断，鼓励竞争；如果产品差异度极低，虽然最有利于创新的市场结构是完全竞争，但即使是最优的市场结构，企业此时的创新投入也是极低的，原因在于此时的行业已处在产品生命周期的成熟阶段，全行业使用通用的技术，生产标准化的产品，产业内创新的可能性已经很小，此时若要促进产品创新，只有诉诸公共的研发机构了。对于产品差异度大的产业，适当的垄断更有利于创新，那么此时的产业政策应是扶植龙头企业，规范产业标准，清理小、乱、差的企业，以避免行业租金的耗散，从而促进创新。

第二，企业 R&D 的边际生产力不影响市场结构与创新的关系，但 R&D 的边际生产力越低，企业的意愿投资越少，而 R&D 的边际生产力低的创新项目多数是基础性的和根本性的创新项目，这些项目所需的投资大、周期长，而且风险大，所以企业投资动力不足。但这些创新项目往往具有战略意义，这些创新是否能够率先成功地完成决定着一国该产业的国际竞争力，因此在政策上对于这种创新应给予财政上的支持，可以直接资助行业内的领导企业，或是推动公共研发机构开展此种创新研究。

第三，产品创新的收益越高，市场的垄断性越强越有利于创新，如果行业内有太多的企业，实际上会降低单个率先取得创新的可能性，这样也就会降低企业的创新激励，对这种行业应该适当的限制竞争。

　　第四，创新产品对原产品替代程度低的产业，行业垄断性越强越有利于创新，相反替代程度高的行业则需要较高竞争性的市场结构，难么，相关部门可以根据创新产品对原产品的替代性来适时的制定相关的产业政策，或鼓励竞争，或扶植大龙头企业。

第四章

异质性条件下工艺创新最优市场结构

第一节 相关文献回顾

创新理论起源于熊彼特（1912），依据熊彼特（1912）的理论，创新是指把一种关于生产要素的"新组合"引入生产，包括五种情况：引入一种新产品；引入一种新的生产方法；开辟新的市场；获得原材料新的来源；实现工业组织的创新。熊彼特（1912）的创新概念是相当宽泛的，许多活动实际上与技术无关。之后关于创新理论的研究逐渐收敛于技术创新的领域，费里曼（1982）指出技术创新就是指新产品、新过程、新系统和新服务的首次商业性转化，其中包括产品创新、工艺创新和技术的扩散。产品创新是指将一种新的产品引入市场，可以是一种全新的产品，也可以是对原有产品的改进；工艺创新实质上是对现有生产技术的改进，以降低生产成本；创新的扩散是指创新通过市场的或非市场的方式在空间上的传播。

熊彼特在提出五类创新之后，并没有对每种创新做细致的研究，在他的后续研究中，熊彼特（1942）指出大企业的生产结构更有利于创新，而此处的创新实际上是笼统地指所有的创新。工艺创新的第一个开创性模型是阿罗（1962）建立的，阿罗（1962）假设市场上存在一个工艺创新的垄断者，该垄断者可以进行工艺创新，从而降低产品的生产成本，在此基础上比较了产品市场垄断和与完全竞争时的创新收益，比较后发现完全竞争时的收益高于垄断时的收益，但二者都低于社会收益。阿罗之后许多经济学家对企业的工艺创新进行了更为深入的研究，其范围涉及企业管理、企业规模、市场竞争等许多领域。

兹姆德（Zmud，1984）从企业管理的角度研究企业的工艺创新问题，通过企业的微观调查数据检验出工艺创新成功的概率与管理层的支持度正相关，与组织成员对创新的接受度正相关。欧沃韦斯特等（Overvest et al.，2008）研究了工艺创新的激励问题，他们指出，工艺创新对公众而言是不可观测的，这会阻碍工艺创新的使用。然而欧沃韦斯特等（2008）的研究表明，存在一个可观测和可证实的合同，该合同直接向经理提供一个货币激励，从而保证企业经理采取工艺创新。他们的研究还表明，对于某些合同经理管理的企业比业主管理的企业更有创新性，然而，随着产品市场竞争的增强，这些合同的激励作用会随之而下降。

曼斯菲尔德（1981）、林克（Link，1982）和谢勒（1991）都发现：在产业内企业规模影响企业 R&D 在工艺创新与产品创新间的分布结构；在产业间市场结构也影响 R&D 的支出结构。通过对 12 类制造产业的 108 个企业的数据的分析，曼斯菲尔德（1981）发现：在产业内企业 R&D 投入的增长幅度小于企业规模的增长幅度。谢勒（1991）发现制造企业作为一个整体来看，工艺创新支出占 R&D 支出的比重随企业规模扩大而增加，企业规模每扩大十倍，工艺创新支出占 R&D 支出的比重增加 10%。帕维特等（Pavitt et al.，1987）的结果也表明大企业的工艺创新支出的比重要高于小企业，与此一致的是费里曼（Freeman，1982）发现 19 世纪晚期和 20 世纪化工产业中的大企业在原则上更倾向于工艺创新。科恩和克莱珀（Cohen and Klepper，1996）建立了企业规模与企业工艺创新和产品创新关系的数学模型，为工艺创新的支出份额随着企业规模扩大而增加建立微观基础，同时科恩和克莱珀（1996）也为他们的观点提供了经验数据的支持。

达斯古普塔和斯蒂格利茨（1980）研究了工艺创新 R&D 竞争与产品市场竞争的关系，并且区别研究了确定条件下和不确定条件下的均衡情况，他们的研究表明：与垄断条件下相比，产品市场的竞争会降低产业的创新水平；R&D 竞争会提高创新水平，而且可能超过社会的最优水平；与不确定条件下相比，确定条件下的 R&D 竞争会使垄断者占优于潜在竞争者，从而使垄断能够长期保持。林克（1982）发现在 R&D 较密集的产业里，R&D 中投向工艺创新的份额随着市场集中度的提高而增加。李尚成（Sang-Seung·Yi，1999）分析了古诺竞争下企业工艺创新的动机，李尚成的分析框架与阿罗（1962）的基本相同，唯一的区别在于阿罗（1962）模型的产品竞争形式是 Bertrand 价格竞争。李尚成也假设各企业生产同质的产品，其中只有一个企业可以进行工艺创新，因此企业在不同市场结构下的创新投资问题实质上就是这一个企业的问题。李尚成的研究表明：对于弱凹的需求函数，行业内企业的增加会降低创新企业进行小幅度工艺创新的激励；当工艺创新的幅度达到一定值时，行业内企业的增加会提高企业的创新激励。布恩（Boone，2000）分析了竞争压力对企业的工艺创新和产品创新的影响，布恩（2000）把企业分为自满型、进取型、斗争型和弱势型四类，企业类型取决于其相对于竞争对手的效率水平，通过分析布恩（2000）得出了竞争的增强可以提高工艺创新的条件，并指出，如果竞争导致了过多的工艺创新，那么产品创新将会减少。布恩（2000）的分析框架将竞争对创新的选择效应和适应效应，以及熊彼特的垄断势力理论综合到了一起。

随着研究的深入，工艺创新的研究在更宽的范畴内展开。施罗德（Schroeder，1990）指出：工艺创新不是以最终形式出现的，而是一个不断发展和完善的过程；创新倾向于集群式发展，这样可以利用相互之间的协同效应，最大化发挥创新的潜力；创新不会被企业同时采用，但创新为采纳者和不采纳者都创造了竞争的机会和威胁。伯奇（Bertschek，1995）研究的是产品进口和 FDI 对国内企业创新投资的影响，他的理论假设是进口产品和 FDI 的增加会提高国内市场的竞争程度，国内企业为维持原来的市场地位会增加 R&D 投入，从而产品进口以及 FDI 对国内创新有正向作用。在这一假设下，伯奇（1995）使用了德国 1270 个企业 1984～1988 年的调查数据进行实证分析，结果表明，进口和 FDI 对产品创新和工艺创新都有显著的正向作用。古普塔和洛乌卢（Gupta and Loulou，1998）研究了双寡头市场结构和产品差异条件下，产品的销售渠道结构对工艺创新的影响，研究表明无论产品差异度有多高，产销一体化的企业比产销分离的企业有更高的工艺创新投资。杜兰顿和普加（Duranton and Puga，2001）指出在产品生命周期的早期阶段，多样化的城市环境更有利于企业的工艺创新。林和萨吉（Ling and Saggi，2002）建立了一个双寡头模型，比较不同市场竞争模式下（Bertrand and Cournot）企业的工艺创新和产品创新的投资激励，研究表明：工艺创新的 R&D 随着产品差异度的提高而增加，并且能够进行工艺创新的企业比不能进行工艺创新的企业有更高的产品创新的 R&D 投资；进行古诺竞争的企业比进行伯川德竞争的企业有更高的工艺创新的 R&D 投入；产品创新的合作可以同时提高企业两种类型创新的 R&D 投入。吉阿纳卡斯和富尔顿（Giannakas and Fulton，2005）研究了美国的农业合作社对农业投入品行业工艺创新的影响，他们使用三阶段动态博弈模型证明合作社可以提高创新的速度，同时降低农业投入品的价格，因而农业合作社对工艺创新的参与可以提高社会福利，但这一作用的大小取决于农产品的差异度和创新的成本。

国内的关于企业工艺创新的研究中，毕克新的研究最为全面和深入。毕克新、丁晓辉与冯英浚（2002）根据中国的实际国情，较早地制定了制造业中小企业工艺创新能力测度指标体系的建立原则，进而建立了相应的测度指标体系。在中小企业创新能力指标体系的基础上，毕克新与吕健（2010）又构建制造业企业工艺创新能力评价指标体系的设计原则，并按照目的性、系统性、探索性等原则构建了信息化条件下制造业企业工艺创新能力评价指标体系。同时毕克新等（2004）还研究了中国中小企业的工艺创新的问题与对策，政府行为对企业产品创新与工艺创新的影响，企业信息化对工艺创新的影响（孙群英和毕克新，2009），制造企业的产品创新与工艺创新的协同发展问题（毕克新等，2010）。

另外，还有许多学者从其他角度对企业工艺创新进行研究。郭斌（1999）运用"产品平台"分析工具，研究了企业产品创新与工艺创新的交互模式及演化过程，研究表明：企业产品创新与工艺创新之间确实存在交互作用；工艺技术的演进轨道不仅受技术的影响，而且还受经济因素的制约；企业产品平台与工艺平台之间存在不同的关联模式。褚东宁与刘介明（2005）提出了企业工艺创新的技术与市场双轮驱动模式，并指出企业应根据自身的特点来选择驱动模式。褚东宁与袁胜金（2005）建立一个企业与研发机构之间的完全信息动态博弈模型，研究表明，企业与研究机构的创新能力、工艺创新成果的先进性及其商业化价值将影响合作创新模式。时丹丹与宋晓洪（2010）研究了构建国家制造业工艺创新政策体系的重要性，并从国家、地方、企业三个层面上为工艺创新政策体系的建设提供了政策建议。

第二节　工艺创新最优市场结构模型

一、引言

改革开放40年来，中国的经济持续高速增长，对外贸易得到了长足发展，1978年中国出口总额为97.5亿美元，2010年中国出口总额为15779亿美元，取代德国成为世界出口第一，中国制造（made in China）的产品遍布全球。这些成果的取得充分证实了改革开放的成功，但是中国产品的世界竞争力主要还是在于价格优势，这又得益于中国低廉的劳动成本，也就是所谓的"人口红利"。然而，根据中国社科院研究结论，2009年，我国的劳动年龄人口比例已经达到72.35%的峰值，而后总量开始下降，预计2030年或下降到67.42%，"人口红利"会逐渐耗尽。这就是说，中国产品的价格优势将无法通过低廉的劳动成本来保持，那么价格优势获得的唯一途径就只有"工艺创新"了。但是，当前中国企业，尤其是广大中小制造企业的工艺创新长期被忽视，工艺创新自主研发能力严重不足（毕克新等，2004），因此，如何增强我国企业的工艺创新能力就成为当前的一个重要课题。

解决这一问题首先要研究的就是工艺创新究竟受哪些因素影响，实际上关于这一问题已有大量的研究，但现有的研究存在以下几个问题：首先，现有文献大都是研究某一因素对工艺创新的影响，如阿罗（1962）对市场结构的研究、曼斯菲德（1981）等对企业规模的研究，以及达斯古普塔和斯蒂格利茨（1980）对工艺创新竞争的研究等，缺乏对工艺创新影响因素的系统性研究；其次，现有的文献基本上都是在同质产品的假设下展开理论分析的，只有少数几篇提到产品差异，如古普塔和洛乌卢（1998）等，但他们没有将之纳入工艺创新的理论分析框架之中；最后，现有的文献多是分析企业或是行业工艺创新 R&D 投入量的影响因素，缺少对工艺创新 R&D 投入效率的研究。基于此，本研究从异质性产品的条件下，构建理论模型，以市场结构为中心，系统的分析工艺创新 R&D 投入的影响因素，顺便分析 R&D 投入效率问题，以期能够获得对工艺创新影响因素较为全面的认识。

二、基准模型

（一）模型描述

本模型的建立主要有三个思想来源：第一，斯科特和萨顿（1982）提出的产品差异可以降低企业间的价格竞争；第二，萨顿（1998）的产品间不完全替代消费者效用函数形式为本章提供了模型基础；第三，达斯古普塔和斯蒂格利茨（1980）对市场竞争形式的研究为本章的企业行为模式提供了依据。本章正是在这三个思想基础上建立模型分析的，其模型的结构如下。

设行业内有 n 个企业，且各个企业初始的边际成本相同，固定成本为 0。企业投入工艺创新的 R&D 后，其边际成本会降低，其新的边际成本为：

$$c_i = c_0 (x_i + 1)^\alpha \qquad (4-1)$$

其中 c_0 为创新前的产品边际成本；x_i 是企业 i 的 R&D 的投入量，该 R&D 是专门用于工艺创新的；$\alpha < 0$，是企业工艺创新研发能力的一个测度，α 越小，研发能力越高；当 $x_i = 0$ 时，产品边际成本为 c_0，当 $x_i \to +\infty$ 时，$c_i \to 0$。

该行业内 n 个企业生产的是有差异的产品，单个消费者的效用函数采用萨顿（1998）的形式：

$$U(q_1, q_2, \cdots, q_n; M) = \sum_{i=1}^{n} (q_i - q_i^2) - 2\sigma \sum_i \sum_{j<i} q_i q_j + M \qquad (4-2)$$

该效用形式以及其变种也被其他多名经济学家采用，如舒化和莱维坦（Shubik and Levitan，1980），德尼克和戴维森（Deneckere and Davidson，

1985），斯科特和萨顿（1990），以及林和萨吉（2002）。其中 q_i 是消费者对产品 i 的消费量；$0 \leqslant \sigma \leqslant 1$，测度的是各产品间的替代程度，如果 $\sigma = 0$，则效用函数中产品间的交叉项消失，表明各产品完全无关，即替代度为 0，如果 $\sigma = 1$，则各产品完全同质，具有完全替代性；M 是其他产品的消费量。根据式（4-2）的效用函数，可以得出单个消费者产品 i 的需求函数为：

$$p_i = 1 - 2q_i - 2\sigma \sum_{j \neq i} q_j \qquad (4-3)$$

式（4-3）是单个消费者的需求函数，若整个市场有 s 个消费者，则当产品 i 的价格为 p_i 时，其市场总需求为 sq_i。

企业的行为分为两步：第一步是成本竞争，也即是 R&D 竞争，各个企业通过选择工艺创新的 R&D 投入量，进而选择一个最优的边际成本；第二步是产品市场竞争，为方便分析，此处假设企业采取 Cournot 竞争形式，即各企业选择最优产量，以最大化各自的利润。根据动态博弈的逆向归纳法，可以求得该博弈的 Nash 均衡。首先是产品市场的均衡，当企业经过工艺创新后，其利润函数（未除去创新成本）为：

$$\pi_i = s(p_i - c_i)q_i \qquad (4-4)$$

将式（4-3）代入式（4-4）可得 Cournot 均衡的一阶条件为：

$$1 - 4q_i - 2\sigma \sum_{j \neq i} q_j - c_i = 0 \qquad (4-5)$$

n 个企业的一阶条件联立，可得均衡时企业 i 的产量为：

$$sq_i = s \frac{[4 + 2\sigma(n-1)](1 - c_i) - 2\sigma(n - \sum_{i=1}^{n} c_i)}{(4 - 2\sigma)[4 + 2\sigma(n-1)]} \qquad (4-6)$$

因而产品市场均衡时企业 i 的利润（未除去创新成本）为：

$$\pi_i = 2sq_i^2 = 2s \left\{ \frac{[4 + 2\sigma(n-1)](1 - c_i) - 2\sigma(n - \sum_{i=1}^{n} c_i)}{(4 - 2\sigma)[4 + 2\sigma(n-1)]} \right\}^2$$

$$(4-7)$$

式（4-7）是企业产品市场均衡时的利润情况，逆推到企业行动的第一步 R&D 竞争，则是在此利润形式下优化企业的 R&D 投入，最大化其利润，考虑到企业的 R&D 成本，以及企业的边际成本函数，则企业的最终利润函数为：

$$\pi_i = 2s\left\{\frac{[4+2\sigma(n-1)][1-c_0(x_i+1)^\alpha]-2\sigma[n-\sum_{i=1}^n c_0(x_i+1)^\alpha]}{(4-2\sigma)[4+2\sigma(n-1)]}\right\}^2 - x_i$$

$$(4-8)$$

优化其 R&D 投入量，一阶条件为：

$$4s\frac{[4+2\sigma(n-1)][1-c_0(x_i+1)^\alpha]-2\sigma[n-\sum_{i=1}^n c_0(x_i+1)^\alpha]}{(4-2\sigma)[4+2\sigma(n-1)]} \cdot$$

$$\frac{[-4-2\sigma(n-2)]c_0\alpha(x_i+1)^{\alpha-1}}{(4-2\sigma)[4+2\sigma(n-1)]} = 1 \qquad (4-9)$$

n 个企业的一阶条件联立，可得均衡时企业 i 的 R&D 需满足的条件为：

$$4s\frac{c_0\alpha\left[4+2\sigma(n-2)\right]\left[1-c_0(x_i+1)^\alpha\right](x_i+1)^{\alpha-1}}{(4-2\sigma)\left[4+2\sigma(n-1)\right]^2} + 1 = 0$$

$$(4-10)$$

（二）均衡分析

均衡分析是分析市场规模（s）、产品初始成本（c_0）、产品差异度（σ）、研发能力（α）、市场结构（n）等参数的变化对均衡结构的影响。均衡结构涉及四个方面的内容，分别是：企业 R&D、行业 R&D、企业研发效率和行业研发效率。其中行业 R&D 是各个企业 R&D 的加总，企业和行业研发效率则是成本下降幅度（Δc）与企业和行业 R&D 投入比值，表示单位 R&D 投入带来的成本下降。由于模型的复杂性，这里采用 Matlab 数值模拟的方法进行均衡分析。首先使用 Matlab 进行数值计算，然后根据计算的结果绘图。下面就对变量逐个进行分析。

1. 市场规模（s）分析

图 4-1 描述的是市场规模对均衡结构的影响，共有四个子图，其中横轴都是市场结构变量（n），子图 I 的纵轴表示企业 R&D，以曲线族 R 表示，子图 II 是行业 R&D，以曲线族 T 表示，子图 III 是企业研发效率，以曲

线族 FE 表示，子图Ⅳ是行业研发效率，以曲线族 IE 表示。其中曲线 1～3 对应的市场规模分别为：$s_1 = 700$，$s_2 = 500$，$s_3 = 300$，其他参数取值为：$c_0 = 0.5$，$\sigma = 0.5$，$\alpha = -1$。从子图Ⅰ可知，给定其他条件，企业 R&D 投入与市场规模正相关，与市场竞争负相关；由子图Ⅱ可知，行业 R&D 投资与市场规模正相关，随着市场竞争的增强，行业 R&D 先上升，后下降，呈倒"U"型结构；由子图Ⅲ可知，企业研发效率与市场规模负相关，且随着市场竞争的增强而上升；由子图Ⅳ可知，行业 R&D 效率与市场规模负相关，且随着市场竞争的增强而下降。综上可得命题 1。

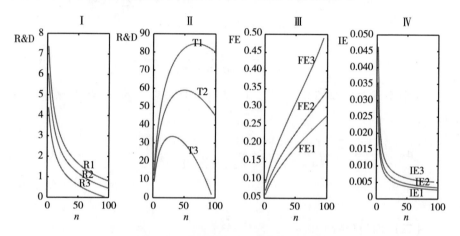

图 4-1　市场规模对均衡结构的影响

命题 1：给定其他条件，企业 R&D 投入、行业 R&D 投入与市场规模正相关，企业研发效率、行业研发效率与市场规模负相关；市场竞争与企业 R&D 投入，行业研发效率负相关，与企业研发效率正相关，行业 R&D 投入与市场竞争之间的关系呈倒"U"型结构。

2. 产品差异度（σ）分析

图 4-2 描述的是产品差异度对均衡结构的影响，曲线族的对应关系与前面相同，其中曲线 1～3 对应的产品差异度分别为：$\sigma_1 = 0.1$，$\sigma_2 = 0.5$，$\sigma_3 = 0.9$，其他参数的取值分别为：$s = 500$，$c_0 = 0.5$，$\alpha = -1$。从子图Ⅰ可以看出，给定其他条件，企业 R&D 投入与产品差异度正相关，与市场竞争负相关；从子图Ⅱ可以看出，行业 R&D 与产品差异度正相关，与市场竞争的关系呈倒"U"型结构；从子图Ⅲ可以看出，企业研发效率与产

品差异度负相关，且随着市场竞争的增强而上升；从子图Ⅳ可以看出，行业 R&D 效率与产品差异度负相关，与市场竞争负相关。综上可得命题 2。

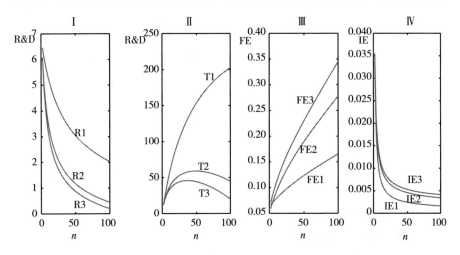

图 4 - 2　产品差异度对均衡结构的影响

命题 2：给定其他条件，企业 R&D、行业 R&D 与产品差异度正相关，企业研发效率、行业 R&D 效率与产品差异度负相关；市场竞争与企业 R&D 投入、行业研发效率负相关，与企业研发效率正相关，行业 R&D 与市场竞争间的关系呈倒"U"型结构。

3. 产品初始边际成本（c_0）分析

图 4 - 3 描绘的是产品初始边际成本对均衡结构的影响，曲线族的对应关系与前面相同，其中曲线 1 ~ 3 对应的产品初始边际成本分别为：$c_{01} = 0.7$，$c_{02} = 0.5$，$c_{03} = 0.3$，其他参数取值分别为：$s = 500$，$\sigma = 0.5$，$\alpha = -1$。由子图Ⅰ可知，企业 R&D 投入与初始边际成本正相关，与市场竞争负相关；由子图Ⅱ可知，行业 R&D 投入与产品初始边际成本正相关，与市场竞争间的关系呈倒"U"型结构；由子图Ⅲ可知，企业研发效率与初始边际成本正相关，且随着市场竞争的增强而上升；由子图Ⅳ可知，行业 R&D 效率与产品初始边际成本正相关，与市场竞争负相关。综上可得命题 3。

命题 3：给定其他条件，企业 R&D、行业 R&D 投入、企业研发效率、行业研发效率与产品初始边际成本正相关；企业 R&D 投入、行业研发效率与市场竞争负相关，企业研发效率与市场竞争正相关，行业 R&D 投入

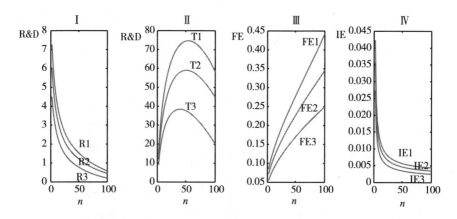

图4-3 产品初始边际成本对均衡结构的影响

与市场竞争间的关系呈倒"U"型结构。

4. 研发能力（α）分析

图4-4描绘的是研发能力对均衡结构的影响，曲线族的对应关系与前面相同，其中曲线1~3对应的研发能力分别为：$\alpha_1 = -2$，$\alpha_2 = -1$，$\alpha_3 = -0.5$，其他参数取值分别为：$s = 500$，$c_0 = 0.5$，$\sigma = 0.5$。从子图 I 中可以看到，研发能力对企业 R&D 的影响是非单调的，对任意两个研发能力，存在一个临界的市场竞争程度，当市场竞争低于这一临界值时，研发能力低的企业有更高的 R&D 投入，当市场竞争超过这一临界值时，情况则相反，企业 R&D 投入与市场竞争依然是负相关的；从子图 II 中可以看出，行业 R&D 投入与研发能力的关系和企业的相同，也是非单调的，与市场竞争的关系依然是倒"U"型结构；从子图 III 中可以看出，企业研发能力对企业研发效率的影响也是非单调的，对任意两个研发能力，存在一个临界的市场竞争程度，当市场竞争低于这一程度时，较低的研发能力对应的均衡产品边际成本较高，当市场竞争高于这一临界值时，情况则相反；从子图 IV 中可以看出，行业 R&D 效率与研发能力的关系也是非单调的，对任意两个研发能力，存在一个市场竞争的临界值，当市场竞争低于这一临界值时，高研发能力行业的 R&D 效率高，当市场竞争超越这一临界值时，情况则相反，行业 R&D 效率与市场竞争的关系依然是负相关的。综上可得命题4。

命题4：研发能力对企业 R&D 投入、行业 R&D 投入、均衡产品边际成本、行业 R&D 效率的影响都是非单调的，对于任意两个研发能力，存在一个市场竞争临界值，当市场竞争低于这一临界值时，低研发能力的企业和行业有更高的 R&D 投入，更低的企业和行业研发效率，反之则反；市场竞争与企业 R&D 投入、行业研发效率负相关，与企业研发效率正相关，行业 R&D 与市场竞争的关系呈倒"U"型结构。

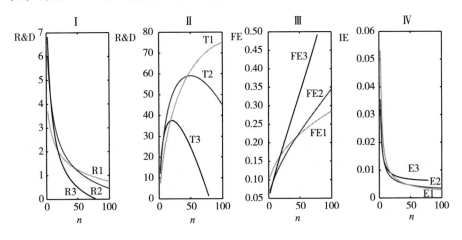

图 4-4　研发能力对均衡结构的影响

（三）小结

在上面一系列的分析中，核心的问题实际上一直是竞争与效率的关系。效率指的是研发效率，涉及企业研发效率和行业研发效率两种。竞争也以两种形式出现，一种是直接的市场结构变化，即企业数量 n 增减；另一种是间接的形式，如市场规模 s 的变化，在市场结构一定时，市场规模的变化就会导致行业竞争的变化，还有产品差异度 σ 的变化，产品差异的增加会降低产品市场的竞争（Sutton，1982）。然而竞争形式对研发效率的影响是不同的，间接竞争的增加会导致企业和行业研发效率同时提高；市场结构变化导致的竞争增强对企业研发效率有促进作用，对行业以研发效率的影响则是反向的。实际上任何形式的竞争都会促进企业提高研发效率，而行业研发效率与企业研发效率不能简单地划等号，从市场结构的变化来看，当企业增多时，竞争增强，一方面，提高企业研发效率，这对行业研发效率有正向作用；另一方面，企业数目的增加又加重了重复研发的效应，这对行业研发效率的作用是反向的，很明显直接的市场竞争对行业研发效率产生的负效应大于正效应，因而行业研发效率始终随着市场竞争的增强而下降。但是这一现象的出现也是有条件的，如果企业的研发活动有溢出效应，那么行业的重复研发效应就会减轻，当溢出效应达到一定程度时，竞争所产生的正效应就会大于负效应，这时行业研发效率就会随着竞争的增强而提高，这就是下一节所要研究的内容。

三、附加溢出效应的模型拓展

（一）模型拓展描述

在上面的基准模型中实际上有一个潜在假定，即行业内各个企业的研发活动是相互独立的，相互间除了有竞争效应外，知识或 R&D 没有任何溢出效应。而在实际的产业运行中，各个企业的研发活动一方面可以增加公共知识的储量，使其他企业获得外溢效应；另一方面，企业间的接触、人员的流动等也可以使部分私人知识外溢，总之各个企业的 R&D 活动对其他企业是有外溢效应的。考虑到 R&D 活动的外溢效应，企业边际成本函数可表示为：

$$c_i = c_0 \left(x_i + \beta \sum_{j \neq i} x_j + 1 \right)^\alpha \qquad (4-11)$$

在新的边际成本函数中 $\beta \in [0,1]$，测度 R&D 溢出效应的强弱，当 $\beta = 1$ 时，各企业的 R&D 完全溢出；当 $\beta = 0$ 时则表示没有任何溢出，模型就退化为基准模型。其他参数及变量的含义与基准模型中的相同。拓展模型中企业的行为模式与前面相同，仍是两阶段动态博弈，产品市场的竞争没有变化，当进行 R&D 竞争时企业的利润函数变为：

$$\pi_i = 2s \left\{ \dfrac{\left[4 + 2\sigma(n-1) \right]\left[1 - c_0 \left(x_i + \beta \sum_{j \neq i} x_j + 1 \right)^\alpha \right]^2 - 2\sigma \left[n - \sum_{i=1}^{n} c_0 \left(x_i + \beta \sum_{j \neq i} x_j + 1 \right)^\alpha \right]}{(4 - 2\sigma)\left[4 + 2\sigma(n-1) \right]} \right\} - x_i$$

$$(4-12)$$

利润最大化的一阶条件为：

$$4s \dfrac{[4+2\sigma(n-1)]\left[1-c_0\left(x_i+\beta\sum\limits_{j\neq i}x_j+1\right)^{\alpha}\right] -2\sigma\left[n-\sum\limits_{i=1}^{n}c_0\left(x_i+\beta\sum\limits_{j\neq i}x_j+1\right)^{\alpha}\right]}{(4-2\sigma)[4+2\sigma(n-1)]} \times$$

$$\dfrac{[-4-2\sigma(n-2)]c_0\alpha\left(x_i+\beta\sum\limits_{j\neq i}x_j+1\right)^{\alpha-1}}{(4-2\sigma)[4+2\sigma(n-1)]} -1 = 0 \qquad (4-13)$$

n 个企业的一阶条件联立，可得均衡时企业 R&D 应满足的条件为：

$$4s \dfrac{c_0\alpha[4+2\sigma(n-2)]\{1-c_0[(\beta(n-1)+1)x_i+1]^{\alpha}\}\{[\beta(n-1)+1]x_i+1\}^{\alpha-1}}{(4-2\sigma)[4+2\sigma(n-1)]^2} +1 = 0$$

$$(4-14)$$

（二）模型拓展的均衡分析

在基准模型中已经分析过市场规模，产品差异度，产品初始边际成本、研发能力几个参数的影响，它们在拓展模型中的作用与前面是一致的，这里只分析新增的参数溢出效应 β。图 4-5 中曲线族的对应关系依然不变，曲线 1~4 对应的溢出效应分别为：$\beta_1=0$，$\beta_2=0.1$，$\beta_3=0.5$，$\beta_4=1$，其他参数取值分别为：$s=500$，$\sigma=0.5$，$c_0=0.5$，$\alpha=-1$。从子图 I 中可以看出，企业 R&D 投入量与溢出效应负相关，且随着市场竞争的增强而减少；从子图 II 可以看出，行业 R&D 与溢出效应负相关，与市场竞争的关系仍为倒 "U" 型结构；从子图 III 中可以看出，企业研发效率与市场溢出效应和市场竞争都是正相关关系；有意义的是子图 IV 的变化，当 $\beta=0$ 时，即没有溢出效应时，行业研发效率随着市场竞争的增强而下降，这表明企业的增多所导致的行业 "重复研发效应" 大于激励所带来的企业 "效率提高效应"，当出现研发的溢出效应时，情况就发生了变化，行业的效率曲线开始呈现为抛物线结构，且拐点随着溢出效应的增大而左移，当溢出效应达到一定值时，拐点就会移至 $n<1$ 的位置，这时行业的效率曲线实际上就变为一条单调上升的曲线，这一变化过程实际上是企业 "效率的提高效应" 逐步超越行业的 "重复研发效应" 的过程，当 $\beta=1$ 时，企业研发完全溢出，这时行业里没有任何的重复研发，因此无论其他参数取值

如何，行业的企业数量越多，研发效率就会越高。另外，溢出效应的变化还会产生其他一些有趣的现象：一是当企业研发完全溢出，即 $\beta=1$ 时，行业的 R&D 投入与 $\beta=0$ 时企业的 R&D 投入相等；二是溢出效应只有效率效应，不改变均衡的成本结构，即溢出效应只改变企业和行业的研发效率，对均衡时产品边际成本没有影响。综上可得命题5。

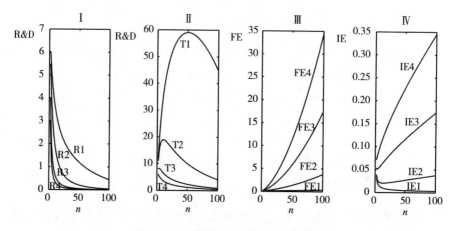

图4-5　溢出效应对均衡结构的影响

命题5：给定其他条件，随着溢出效应的增强，企业研发效率不断提高，行业重复研发会逐渐减少，行业效率曲线有单调下降的双曲线，逐渐转化为抛物线，最终变为一条单调上升的曲线；企业研发完全溢出时的行业 R&D 投入量等于完全不溢出企业的 R&D 投入量；研发的溢出效应只有效率效应，不改变均衡产品边际成本。

第三节　中国高技术产业的实证检验

一、理论假设

纯粹的工艺创新就是降低产品的生产成本，而现实中的工艺创新往往伴随着产品品质的提高，从理论上讲如果产品品质提高了，那就不是原来的产品了，就等于用新的工艺生产新的产品，实质上已经包含了产品创新的成分。关于这一问题我们在后面的章节中会继续研究，这里我们只是检验一下纯粹的工艺创新的最优市场结构问题。前面的理论部分实际上研究了两个问题：一个是工艺创新投入的最优市场结构问题；另一个是工艺创新效率的最优市场结构问题。从理论上讲，工艺创新的效率是工艺创新的投入与工艺创新效果的关系，由于缺乏数据，这里就不做检验，如果条件成熟，可以进一步作为后续的研究，这可能需要收集大量的微观调查数据。至于工艺创新投入的最优市场结构问题，它还受市场规模、产品差异度、产品初始成本、企业研发能力、研发溢出效应等因素的影响，根据第三章第三节得出的命题，现提出下面的理论假设。

命题 1 中都包含着工艺创新投入和工艺创新效率两个问题。由于工艺创新效率问题我们此处不做检验，因此关于这一问题的假设暂不提出。命题 1 主要研究的是市场规模对工艺创新投入的影响，从命题 1 可以清楚地看出工艺创新投入与市场规模是正相关的，由此可得假设 1。

假设 1：工艺创新投入与市场规模正相关。

命题 2 研究的是产品差异度对工艺创新及其效率的影响，与第二章的情况相同，在中国高技术产业的统计中很难找到这一指标的替代变量，因此这里暂不检验。命题 3 研究的是产品的初始成本与工艺创新投入及其效率的关系，这实际上是一个产业所处的产品生命周期的问题，这只能作案例研究或使用微观数据，在此也不检验。命题 4 研究的是研发效率对工艺创新投入的影响，从命题 4 可以看出研发效率对工艺创新投入的影响是非单调的，其效应的正负取决于产业的市场结构，如果处在临界值的左边，其效应为负，反之则反。基于此我们可以提出假设 2。

假设 2：工艺创新投入与工艺创新效率正相关，或负相关。

命题 5 研究的是企业间研发的溢出效应对工艺创新投入的影响，由于企业间研发溢出效应的大小主要取决于企业的距离，企业间人员的流动和交流，以及知识产权的保护等，这也是一些难以量化的指标，此处不做检验。另外，从命题 1 到命题 5 还可以得到创新投入与市场结构的关系。最有利于工艺创新的市场结构是受诸多因素影响的，当给定其他条件时，工艺创新投入与市场结构的关系是倒"U"型的，即处于拐点左侧时，竞争越强越有利于工艺创新，处于拐点右侧时，竞争越强越不利于工艺创新。

基于此我们可以提出假设 3。

　　假设 3：工艺创新投入与市场竞争正相关，或负相关。

二、变量及数据的选取

　　此处我们使用中国高技术产业的数据对工艺创新的最优市场结构进行检验，其检验主要是针对以上三个假设进行。首先需要确定的是选取相关的变量，工艺创新的投入在中国高技术产业统计中没有直接的指标与之对应，与之关联的一个统计指标是技术改造支出总额，那么我们来看一下技术改造支出的含义。1996 年，重庆市统计局，对技术改造经费支出总额的解释是："技术改造经费支出总额，指用于企业技术改造支出费用的总额。技术改造是指企业在坚持科学技术进步的前提下，把科学技术成果应用于企业生产的各个领域（产品、设备、工艺等），用先进的技术改造落后的技术，用先进的工艺、设备代替落后的工艺、设备，实现以内涵为主的扩大再生产，从而提高产品质量，促进产品更新换代、节约能源、降低消耗，全面提高社会综合经济效益。"由这一解释可知技术改造基本上就是工艺改造，但这种工艺改造又不同于严格意义上的工艺创新，从创新的理论可以认为工艺创新是新工艺的首次商业化应用，这是对整个社会来讲的。而工艺改造可能使用已有的工艺来改造或替换旧的工艺，不能算工艺创新，但对进行工艺改造的企业来讲可以认为是创新。当然工艺改造中也包含有工艺创新的成分。因此，技术改造虽不同于工艺创新，但从整个产业来看它与工艺创新应该是高度相关的，可以用技术改造支出总额来替代工艺创新投入。下一个变量是产品的市场规模，从理论上讲这个市场规模指的是市场的潜在规模，但市场的潜在规模是不可观测的，而现实的市场规模又是不断地向潜在规模接近的，故这里可以用市场的真实规模（或叫以开发规模）来替代市场的潜在规模，而市场的真实规模就是该行业的年销售收入，但由于中国高技术产业统计年鉴中年销售收入的统计口径不一致，故这里用年行业产值来替代。工艺创新的效率这一变量与第二章中的产品创新效率类似，也可以用 R&D 活动人员全时当量来代替，在此不再赘述。市场结构，或称市场竞争程度变量依然用大中型企业销售收入占行业销售收入的比重来替代。所有这些数据都来源于中国高技术统计年鉴，具体的情况见表4－1。

表4－1　　　　　　　　　中国高技术产业工艺创新投入数据

产业	年度	技术改造经费支出	新产品销售收入（万元）	R&D活动人员全时当量（人年）	全行业营业收入（亿元）	大中型企业营业收入（亿元）	大中型企业营业收入占比（%）
医药制造业	1995	273404	615318	9528	902.67	572.94	63.4717
	1996	187341	687111	10936	1043.34	647.3	62.04114
	1997	202057	932232	11303	1177.58	736.1	62.50955
	1998	214996	1039185	10860	1264.1	816.51	64.5922
	1999	177815	1194476	13015	1378.96	921.15	66.800342
	2000	286587	1702574	12136	1627.48	1069	65.684371
	2001	342962	2021148	15229	1924.39	1303.76	67.749261
	2002	610503	555448	18220	2279.98	1529.46	67.082167
	2003	469168	691608	17518	2750.73	1944.08	70.675057
	2004	571001.6	3887153	13931	3033	1979.7	65.272008
	2005	441006.8	4693608	19584	4019.8316	2674.6631	66.536696
	2006	483437.5	5699191	25391	4718.8193	3013.3013	63.857103
	2007	473090.8	7126886	30778	5967.13	3721.85	62.372531
	2008	513720.9	9489106	40192	7402.33	4518.33	61.039294
	2009	830973	15924583	70065	9087	5487.8	60.391768
	2010	600803	16755263	55234	11417.3	6868.2	60.156079
	2011	789221	23170435	93467	14484.38	9013.1595	62.226755
	2012	1047801	29286008	106684	17337.7	11036.8	63.657809
	2013	1279734	36061674	123200	20484.224	13039.013	63.653926
	2014	1260895	43018345	133902	23350.33	15232.611	65.2351
	2015	1158829	47362675	128589	25729.534	17008.977	66.106821
	2016	934249	54227527	130570	28206.114	18854.572	66.845692
航空航天器制造业	1995	127409	590144	24769	262.49	253.66	96.636062
	1996	141039	467099	39188	293.6	254.6	86.716621
	1997	164879	487363	40748	300.16	292.78	97.541311
	1998	131111	346817	18145	323.01	306.37	94.848457

续表

产业	年度	技术改造经费支出	新产品销售收入（万元）	R&D活动人员全时当量（人年）	全行业营业收入（亿元）	大中型企业营业收入（亿元）	大中型企业营业收入占比（%）
航空航天器制造业	1999	87361	553283	33532	323.67	305.03	94.241048
	2000	154666	813277	30835	377.83	352.26	93.232406
	2001	242613	960797	32096	443.6	433.87	97.806583
	2002	264701	158650	36112	499.9	490.38	98.095619
	2003	342101	162464	28165	547.2	538.21	98.357091
	2004	289297	2124848	24026	498.4	471.8	94.662921
	2005	368919	3373540	29870	781.36927	753.91755	96.486716
	2006	323920.1	3050431	27374	798.87548	765.03882	95.764464
	2007	522952.4	3791330	27182	1006.36	964.65	95.85536
	2008	332520.2	4729806	19346	1162.04	1107.4	95.297924
	2009	414398	2760872	23265	1322.8	1254	94.798911
	2010	387274	4721627	28249	1592.4	1495.6	93.921125
	2011	397221	5270131	32329	1934.3079	1831.1769	94.668329
	2012	528710	6391332	43071	2329.9	1650.8	70.852826
	2013	505497	7566092	47875	2853.1501	2190.9789	76.791575
	2014	712547	11185051	41043	3027.5631	2682.4377	88.600557
	2015	701523	13801343	45832	3412.5711	3079.2474	90.232475
	2016	464799	15336596	37397	3801.6668	3447.6188	90.687033
电子及通信设备制造业	1995	345892	3501781	15398	2052.78	1313.47	63.984937
	1996	390083	4228710	27114	2255.03	1457.55	64.635504
	1997	351915	5116288	28538	2933.71	1826.24	62.250188
	1998	265393	8040348	30129	3506.62	2216.72	63.21529
	1999	352931	9397747	31740	4458.34	2787.13	62.514972
	2000	520752	16308150	36625	5871.15	3740.25	63.705577
	2001	492640	18780625	49250	6723.63	5265.33	78.310823
	2002	527807	1672406	49675	7658.67	5784.45	75.528127
	2003	584805	1882699	61643	9927.14	8513.24	85.757227
	2004	851233.7	40264332	60514	13819.1	11801.9	85.402812
	2005	611918.8	38520369	95091	16646.253	14416.957	86.607822

产业	年度	技术改造经费支出	新产品销售收入（万元）	R&D活动人员全时当量（人年）	全行业营业收入（亿元）	大中型企业营业收入（亿元）	大中型企业营业收入占比（%）
电子及通信设备制造业	2006	625210	41734821	97816	21068.859	18058.808	85.713268
	2007	847536.5	60130164	142408	24823.58	21461.37	86.45558
	2008	1038022.8	67590765	172230	27409.9	23037.35	84.047552
	2009	837769	86981738	209668	28465.5	23735.9	83.384799
	2010	1208715	90714882	211512	35984.4	30120.3	83.703772
	2011	1170804	115181309	272062	43206.344	37033.521	85.713156
	2012	1349974	136954427	340679	52799.1	44900.4	85.040086
	2013	1919548	193907207	356885	60633.885	49173.41	81.098894
	2014	1336232	223221172	380683	67584.208	57050.149	84.41343
	2015	1566882	267002580	402513	78309.933	66152.982	84.475851
	2016	251940	318206468	416806	87304.681	73367.612	84.036287
电子计算机及办公设备制造业	1995	16335	366412	1355	378.51	170.96	45.166574
	1996	19480	1362764	4278	550.33	224.31	40.759181
	1997	39518	1149145	7660	801.29	364.53	45.492893
	1998	38952	2255762	4028	1068.43	576.93	53.997922
	1999	35929	3564635	6139	1199.2	699.08	58.29553
	2000	28852	5369985	3941	1599.12	656.83	41.074466
	2001	28770	6293591	6683	2295.72	1530.86	66.683219
	2002	45302	408558	6589	3441.67	2334.97	67.844099
	2003	85706	571549	12393	6305.97	5610.98	88.978857
	2004	82561.5	13420050	13578	9192.7	8542.1	92.922645
	2005	53753.1	20700912	17484	10722.152	10034.258	93.584366
	2006	105150.8	29631088	24591	12634.181	11868.798	93.941964
	2007	61307.7	28147354	29712	14887.28	14304.24	96.083637
	2008	103749.9	42277386	31052	16499.01	15579.53	94.42706
	2009	129874	23009386	39487	16432	15640.7	95.184396
	2010	201172	44214684	68509	19957.7	19142	95.912856
	2011	136317	68085415	49248	21163.534	20394.33	96.365425
	2012	168222	67173270	62783	22045.2	21262.5	96.449567

续表

产业	年度	技术改造经费支出	新产品销售收入（万元）	R&D活动人员全时当量（人年）	全行业营业收入（亿元）	大中型企业营业收入（亿元）	大中型企业营业收入占比（%）
电子计算机及办公设备制造业	2013	91590	57374228	59940	23214.167	22240.124	95.804104
	2014	95108	57159199	60181	23499.067	22429.651	95.449115
	2015	164273	54940528	57035	19407.948	18099.436	93.257852
	2016	264704	54641230	49005	19760.141	18283.627	92.527814
医疗设备及仪器仪表制造业	1995	59674	310008	6788	320.67	148.31	46.250039
	1996	46580	240931	9078	355.06	164.46	46.318932
	1997	56758	366779	7840	405.38	189.8	46.820267
	1998	31517	390428	7717	417.76	206.42	49.411145
	1999	38514	546702	8163	460.06	222.92	48.454549
	2000	56621	644216	8036	558.13	260.84	46.734632
	2001	65276	702453	8313	627.97	289.45	46.092966
	2002	76020	117865	7852	734.04	310.72	42.330118
	2003	68575	212746	8128	880.48	419.98	47.698982
	2004	84944.8	1293123	8782	1303	603.2	46.29317
	2005	114616.7	1858204	11132	1752.18	908.97671	51.876902
	2006	181343	2373116	13815	2363.8224	1253.5954	53.032555
	2007	204991	3836483	18148	3029.75	1663.87	54.917732
	2008	197986.5	4707678	22260	3255.63	1711.07	52.557262
	2009	297933	8690643	46735	4259.4	2159.1	50.690238
	2010	289378	7241173	35570	5530.9	2875.1	51.982498
	2011	553672	13026204	64068	6738.6379	3793.2789	56.291478
	2012	594829	15905343	70029	7772.1	4389	56.471224
	2013	460308	17386899	82322	8863.4754	4991.2393	56.312441
	2014	340158	20357979	85631	9906.5007	5665.4009	57.188719
	2015	290382	21792583	83521	10471.846	5887.7414	56.224482
	2016	261769	25014346	86292	11651.865	6480.7094	55.619501

资料来源：2002～2017 年《中国高技术产业统计年鉴》。

三、经验检验

根据国家统计局2002年公布实施的高技术产业统计目录，我国高技术产业一共有五大部类，根据四位产业代码分为62个行业，此处我们按照五大部类进行检验，分别是医药制造业、航空航天器制造业、电子及通信设备制造业、电子计算机及办公设备制造业和医疗设备及仪器仪表制造业，时间期限为1995～2016年。其计量模型为：

$$y_{it} = \alpha_{it} + x'_{it}\beta_{it} + u_{it}, i = 1,2,3,4,5, t = 1995,\cdots,2016 \quad (4-15)$$

其中，$x_{it} = (HYCZ_{it}, KXGC_{it}, SCJZ_{it})'$，自变量分别是行业销售收入（$HYCZ_{it}$），用来替代新市场规模；R&D活动人员全时当量（$KXGC_{it}$），用来替代研发效率；大中型企业销售收入占全行业销售收入的比重（$SCJZ_{it}$），用来表示市场竞争的强弱；因变量是技术改造支出总额（y_{it}），用以表示工艺创新投入。首先对变量的平稳性进行检验，表4-2是变量的单位根检验。

表4-2　　　　　　　　　　　变量单位根检验

检验方法	Y	HYCZ	KXGC	SCJZ
LLC	-0.87442 (0.0034)	0.01022 (0.9996)	0.16566 (1.0000)	-0.16877 (0.2295)
IPS	-2.097 (0.018)	1.583 (0.943)	4.773 (1.000)	0.679 (0.751)
FISHER	2.6436 (0.9886)	2.1547 (0.9950)	0.7776 (0.9999)	9.5938 (0.4768)
检验方法	一阶差分	一阶差分	一阶差分	一阶差分
LLC	-1.60707 (0.0354)	-0.85771 (0.0926)	-1.61535 (0.0531)	-1.30486 (0.0000)
IPS	-2.774 (0.003)	-2.58942 (0.0000)	2.462 (0.035)	-2.728 (0.003)
FISHER	23.3244 (0.0096)	17.3431 (0.0671)	29.2248 (0.0011)	39.1425 (0.0000)

从表4-2的检验结果看，自变量和三个因变量都存在单位根，做一次

差分后，数据全部平稳，这表明自变量和因变量都是同阶（一阶）单整的，下面对其做协整检验，以观察变量间的长期关系，表4-3是协整检验的结果。Pedroni 在 1999 年提出这七个检验统计量时指出，对于时间小于 20 期的小样本数据，面板协整检验的统计量面板 ADF 和组 ADF 的效果比较好，而面板 v 和组 rho 的效果最差，其他统计量的效果居中。我们这里使用的是 14 年的数据，同时面板 ADF 和组 ADF 两个统计量在 5% 的水平上是显著的，因而可以认为变量之间存在长期的协整关系。

表4-3 变量协整检验结果

检验方法	统计量	P 值
面板 v 统计量	- 1. 113336	0. 8672
面板 rho 统计量	0. 532449	0. 7028
面板 PP 统计量	- 1. 854418	0. 0318
面板 ADF 统计量	- 1. 923843	0. 0272
组 rho 统计量	1. 153308	0. 8756
组 PP 统计量	- 3. 276414	0. 0005
组 ADF 统计量	- 2. 570008	0. 0051

我们这里的因变量和解释变量都是同阶单整（一阶）的，且变量间存在长期的协整关系，因此可以对原始变量做回归，在面板回归之前，首先要做豪斯曼检验，以确定选择固定效应还是随机效应，表4-4是豪斯曼检验的结果，其中 Chi-Sq 的显著水平是 0.3075，因而不能拒绝干扰项与解释变量不相关的假设，所以这里应该采用随机效应模型。

表4-4 豪斯曼检验结果

检验项目	卡方统计量	卡方自由度	P 值
截面随机效应	3. 604517	3	0. 3075

随机效应模型也分为不变系数、变截距和变系数模型三种，依然需要采用 F 检验来甄别，其检验方法与前面相同。但是随机变系数模型的面板回归要求截面数要大于进行随机估计时所产生的新变量，而这里的截面数只有五个，不能满足这个要求，所以不能进行变系数的随机估计，因此，

这里我们直接采用随机效应变截距模型回归，其结果见表4－5。

表4－5 回归结果

变量	系数	标准误	t 统计量	P 值
C	324253.0	93024.76	3.485664	0.0009
HYCZ	1.797963	1.055629	1.703215	0.0932
KXGC	12.05391	6.088727	1.979709	0.0519
SCJZ	−378499.7	91472.08	−4.137871	0.0001

$\overline{R}^2 = 0.604106$，F 统计量 = 36.09628，托宾－沃森统计量 = 1.133472

在表4－5的面板回归中，各变量的系数在10%的水平上都是显著的，首先看第一个解释变量——市场规模，这里用行业的总产值来代替，回归系数是1.797963，符号为正，显著水平为0.0932，这与前面的理论是相符的，即工艺创新投入与市场规模正相关。第二个解释变量是研发效率，这里用 R&D 活动人员全时当量来表示，其回归系数是12.05391，符号为正，这表明研发效率的提高会促使企业增加工艺创新的投入。市场竞争度我们用的是大中型企业销售收入占全行业销售收入的比重来表示，这一指标值越高，表明市场竞争越小，从表4－5的结果来看，该变量的回归系数为−378499.7，显著水平为0.01%，即高度显著为负，这说明中国高技术产业的工艺创新投入与市场竞争正相关，竞争程度越高，工艺创新投入越多。从上节的理论来看，中国高技术产业的市场竞争水平还在最优市场竞争水平的左侧，提高市场竞争水平会使企业增加工艺创新投入，即促进企业进行工艺创新。

第四节　本章小结

本章从工艺创新的角度研究了企业和行业的 R&D 效率问题，分别分析了市场规模、产品差异度、产品初始成本、企业研发能力、研发溢出效应、市场结构等参数和变量对研发效率的影响。核心的问题是市场竞争对研发效率的影响。市场竞争，无论何种形式，总能刺激企业提高研发效率，而竞争对行业研发效率的影响就要看竞争所导致的行业"重复研发"的严重程度了。企业研发的溢出效应对行业"重复研发"有单调降低作用，当研发完全溢出时，行业的研发效率就与企业的研发效率同方向变动了，因为此时行业已无任何的重复研发了。值得注意的是，研发的溢出效应对行业只有效率效应，而没有成本效应。基于上面的理论研究，可以为我国促进企业创新，提高创新效率提供如下建议。

第一，市场规模的扩大可以降低企业间的竞争，增加企业 R&D 投入，降低均衡时的产品成本，但同时也降低了企业与行业的研发效率。基于此，在产业发展的初期，工艺技术不稳定，产品成本较高，亟须大量的创新投入，而研发的效率就是次要问题，此时政府可以通过扩大市场规模，或限制市场进入两种办法来降低竞争，提高企业的 R&D 投入水平；当产业处于成熟阶段时，工艺技术趋于稳定，此时 R&D 效率则是政策调控的主要目标，可以通过促进竞争来提高企业与行业的 R&D 效率。

第二，产品差异犹如一面"防火墙"，可以隔离企业间的竞争，当 σ =0 时，各企业被完全隔离开，可以认为每一个企业都是一个行业，这时企业可以将 R&D 投入研发的边际生产力很低的程度，从结果上看，产品差异度的提高可以降低均衡时产品成本，但这时由于行业"重复研发"研发严重，行业研发效率会随着差异度的提高而降低。因此，从企业的角度看，可以通过制造产品差异，降低竞争，增加利润，但为克服过度差异造成的"重复研发"，政策上可以主动限制竞争，以这种方式来降低企业制造产品差异的动力。

第三，行业研发效率的基础是企业研发效率，因此提高行业研发效率，在某种程度上要从提高企业的研发效率入手，企业研发效率的决定因素是其研发能力，而研发能力最主要的由其科研人员的能力决定，因而政策上能做的就是较大教育投资，改进教育系统，培养企业需要的研发人才。

第四，溢出效应的提高可以降低行业的"重复研发"，提高行业研发效率，但是，同一行业内的各企业间是一种竞争关系，各企业都希望能够享有对方的研发外溢效应，而独占自己的研发成果，因此，自由状态下的企业研发外溢必定是有限的。有两个办法可以解决这一问题：一是企业间进行研发合作，可以是自主的联合，也可以由政府牵头合作，这样可以降低研发的重复性；二是剥离企业的研发部门，或叫研发外包，企业的研发由独立的机构来做，这些结构可以是独立的科研院所，也可以是高校，即所谓的产学研合作，这样独立的研发部门就不会进行重复的研发活动。政府能做的就是培育这样的科研院所和高校，使之能够胜任企业的研发任务。

第五章

异质性条件下消化吸收
最优市场结构

第一节　异质性条件下消化吸收最优
市场结构理论分析

一、引言

企业的技术消化吸收是指企业在识别外部技术价值的基础上，获取该技术后，做必要的投资以及组织改进，将该技术包含的知识信息编码为本企业可以识别的代码，并将之用于生产和服务的活动。企业的技术消化吸收不同于创新，创新可以拓展世界的技术边界，而消化吸收是在世界既定的技术存量下，拓展企业的技术边界；企业的消化吸收也不同于消化吸收能力，消化吸收能力是企业静态的评价、获取、应用外部技术的能力，而消化吸收则是一个昂贵的学习过程（Goldberg et al., 2008）。

从改革开放以来的数据来看，中国企业重视技术引进，忽视或者说轻视技术消化吸收已成定论。关于技术引进与消化吸收问题的研究，从国内外的文献来看，大概分为三类：第一类是研究技术引进对东道国的技术溢出效应，尤其是 FDI 的溢出效应为多；第二类是研究东道国的技术模仿到创新的发展过程；第三类是研究技术吸收的决定因素。而将技术引进和消化吸收结合起来的文献很少，尤其是同时解释"重引进""轻吸收"文献更少。基于此，本节将建立技术引进和吸收的理论模型，同时以中国高技术产业的数据给予检验。

二、相关文献回顾

从索洛（Solow, 1956）的研究之后，经济学家已经懂得经济的长期增长源于技术的积累和进步，之后半个多世纪，有大量的经验研究集中于TFP，然而此时的 TFP 还是一个"黑箱"，它的增长方式独立于经济系统。为打开这一"黑箱"，许多经济学家，如阿罗、阿布拉莫维茨、格里利谢斯、乔根森、丹尼斯、罗森伯格等做了大量的研究工作，直到 20 世纪八九十年代内生增长理论（Romer 1986, 1990；Lucas 1988；Grossman and Helpman 1991；Aghion and Howitt 1995）的出现，学界才普遍接受创新、知识外溢、R&D 是经济长期增长的内生决定因素。但是，公正地讲，这些文献都是研究技术创新对增长的作用，而不是关于知识的传播与吸收的。知识吸收的研究最早始于格里利谢斯（1957），他研究的是美国杂交玉米在生产上采用的时间与地区问题。

消化吸收问题的系统研究始于科恩和利文索尔（Cohen and Levinthal）。科恩和利文索尔（1989）指出，企业的 R&D 活动除了产生创新之外，还能够提高企业识别、吸收、应用外部知识的能力，他们将之称为企业的"学习"或"吸收"能力。他们还指出，企业的吸收能力除了使企业能够模仿外部的产品创新和工艺创新外，还包括吸收基础科学的新发现。由于企业创新对外部知识的依赖性，企业的吸收能力就成了企业创新能力的重要组成部分。科恩和利文索尔（1989）认为，虽然企业的吸收能力来自R&D 活动，但这不同于"干中学"，"干中学"是指企业生产效率会随着某一生产过程的持续而自动的提高，企业的吸收能力则使企业吸收外部知识，从而使之能够做新的事情。企业的 R&D 活动能够增强企业的吸收能力为某些企业做基础研究提供了新的解释，因为这可以间接的增强其创新能力。

科恩和利文索尔（1990）进一步指出利用外部知识的能力是创新能力

的一个关键组成部分。他们认为评价和利用外部知识的能力是相关的先验知识水平的函数，这些先验知识包括基本技能、共同的语言，甚至包括某一领域最近的科学和技术发展的知识。先验知识最终形成了识别新信息价值的能力，吸收该信息的能力，以及将之商业化的能力，这些能力总称为"消化吸收能力"。科恩和利文索尔（1990）还指出，"消化吸收能力"分为个人和组织两个层次，个人的消化吸收能力取决于个人的先验知识，而组织的消化吸收能力则依赖于其组织成员的消化吸收能力，但并不是其成员个人消化吸收能力的简单加总。这是因为组织消化吸收能力不仅仅指获得、吸收外部信息的能力，更重要的是组织对该信息的开发利用能力。因此，组织的消化吸收能力不仅取决于组织与外部环境的关系，还取决于组织的各子单元之间以及子单元内部的知识转移情况。因此，组织的消化吸收能力最终取决于组织与外部环境的沟通结构、组织子单元间的沟通结构，以及组织先验知识的存量与其在组织内的分布特征。

纳尔逊和温特（Nelson and Winter，1982）关于组织能力也有类似的观点，他们认为组织的能力不在于其中任何一个成员能力的大小，而依赖于其组织成员的连接方式。因此，在某种程度上，科恩和利文索尔（1990）的组织消化吸收能力的观点是纳尔逊和温特（1982）理论的一个拓展和应用。在科恩和科文索尔（1990）关于组织消化吸收能力的详尽论述中，他们还研究了组织消化吸收能力的路径依赖性，消化吸收能力对技术机会、可占有性以及组织 R&D 投入的影响等。但他们始终把组织的消化吸收能力作为组织 R&D 投入的副产品（byproduct），至于组织是否会主动增加投入来提高其消化吸收能力，以及面临外部技术知识时，组织会投入多少来消化吸收它，他们始终没有论述。

凯勒（Keller，1996）借鉴科恩和利文索尔（1990）消化吸收能力的概念，用内生增长理论的形式来阐释消化吸收能力的重要性。凯勒（1996）区分了技术信息和人力资本这两种形式的知识，一个落后的国家由封闭走向开放可以使它获得更多的技术信息，从而在短期内可以增加人均产出，提高增长速度，然而长期的均衡增长路径取决于人力资本的增长速度，如果在开放的同时，不能有效地吸收外来的技术信息，加快人力资本的积累速度，那么最终该国的经济增长速度还会退回到原来的路径上。

达塔和英哈迪（2006）秉承凯勒（1996）的思想"落后地区仅仅能够接触先进技术知识是不足以实现技术追赶的，国内人力资本水平会制约其吸收和应用国外先进技术的能力"，应用罗默（Romer，1990）的内生增长理论，建立一个落后地区内生模仿和技术吸收的南北贸易模型。达塔和马塔迪（Datta and Mohtadi，2006）模型弥补了之前技术追赶研究（Grossman and Helpman，1991；van Elkan，1996；Currie et al.，1999；Lin，2002）缺乏知识转移和积累的微观机制的弱点，该模型中落后地区经济的长期增长是建立在技术的内生吸收和模仿之上，同时该模型给出了落后地区从模仿到创新所需的人力资本条件。

柯里等（1999）发展了格里斯曼和赫尔普曼（1991）的南北贸易模型（G&H 模型），G&H 模型的特点是北部发达地区进行创新，南北落后地区模仿，而这一特征无法概括中国台湾、韩国等新型工业化地区所存在的创新，而柯尔等（1999）的模型解决了这一问题，模型中南方地区的发展分为三个阶段：第一阶段是纯粹的模仿；第二阶段是模仿与创新并存；第三阶段主要依靠自主创新。柯尔等（1999）具体研究了各阶段的特征，以及由模仿向创新发展所需的条件。

豪斯曼和罗德里克（2003）认为，由于缺乏知识产权的保护，技术落后国家对消化吸收的投资将会低于社会最优水平。与创新不同，创新可以得到专利的保护，企业投资于消化吸收活动，最终可以发现哪一种技术适合该国的市场和技术环境，但无论这一活动的社会收益有多高，这一发现无法得到产权保护。

贸易可以带来技术的传播和吸收。进口先进国家的中间投入品和资本品，可以使落后国家的企业获取隐含在这些产品中的技术，大量的跨国研究（Coe and Helpman，1995；Keller，2002）也证实了这一看法。然而长期的观点是落后国家进口先进国家的技术产品可以产生这种作用，与此相对的，落后国家的出口也会增进技术的吸收，这被称为"在出口中学习"。该理论认为，出口可是使出口企业暴露自身于先进的技术环境之中，从而可以获得国外先进的知识和技术，大量的案例和经验研究（Pack，1993；Kraay，Soloaga and tybout，2002；Van Biesebroeck，2005）为这一理论提供支持，我国巫强和刘志彪（2009）的"为出口而进口"理论实质上就是对

"在出口中学习"理论的支持。

外商直接投资（FDI）的知识溢出效应有大量的研究，然而大量的经验研究发现 FDI 对国外全部或部分所有的公司有正的溢出效应，而对本土企业的溢出效应则不稳健。事实上，有许多研究（Djankov and Hoekman 2000；Konings 2000）发现 FDI 对本土企业有负的溢出效应。亚沃尔奇克（Javorcik，2004）指出 FDI 只对某些特定的企业有溢出效应。

国内关于消化吸收的文献也很多。袁治平和陶谦坎（1995）建立了一个技术引进项目消化吸收效果的系统评价方法。刘常勇和谢洪明（2003）指出企业技术吸收能力主要受企业先验知识的存量和内涵、研发投入的数量、学习强度和学习方法以及组织学习的机制等四个因素的影响，因此，提高企业技术吸收能力方法主要是增加教育训练和研发投入，以及改进组织的学习方法等。安同良（2004）提出了"企业技术能力"的概念，以此作为超越技术创新研究的新范式，安同良认为，"企业技术能力"是企业持续的技术变革中，选择、获取、消化吸收、改进和创造技术并使之与其他资源整合，从而产生产品和服务的累积性学识（或知识）。在此基础上，安同良提出技术后进国家企业技术能力发展的五阶段模式：（技术发展）选择、获取、消化吸收、改进和创造，以此拓展和修正了金麟洙（Linsu Kim）的三阶段模式。吕世生和张诚（2004）以天津市 103 家企业的样本数据，检验出企业 R&D 的双重作用，一方面企业 R&D 有直接的创新作用，另一方面可以提高企业对外部技术的消化吸收能力，就天津的数据而言，R&D 提高企业技术吸收能力，从而增强 FDI 的溢出效应，这一作用要远远大于直接的创新效应。这一结论实际上是对科恩和利文索尔（1989）R&D 两面性的进一步证实。汪和平、钱省三和胡建兵（2005）建立了一个技术引进后消化吸收结果定量评价模型。吴晓波、黄娟和郑素丽（2005）具体分析了长三角地区的上海、江苏和浙江三省市的吸收能力、技术差距和技术追赶情况。戴魁早（2008）的研究表明，我国自主创新能力、技术吸收能力与经济增长之间存在长期的稳定关系，自主创新能力和技术吸收能力是经济增长的格兰杰原因，两者都对经济增长有促进作用。欧阳卉和胡小娟（2010）通过对我国 28 个省市的面板数据进行检验，得出结论，技术引进未对我国的经济增长产生促进作用，但是，R&D 以及以人力资本为代表的吸收能力与经济增长有显著的正相关关系。刘新同和谢超峰（2010）的研究表明，FDI 能否给我国带来技术进步和经济增长关键依赖于我国人力资本的积累。

从国内外的文献来看，已有的研究已经涉及技术的引进、消化、模仿、创新等各个方面，从企业微观 R&D 活动到国民经济的长期增长，从理论到经验都有大量的研究，对技术引进与消化吸收也分别有研究，但同时解释"重引进""轻吸收"的文献却很少，基于此，本书将对此做深入的研究。

三、理论模型

本研究的模型借鉴了泰勒尔（1988）的质量竞争模型，那么，我们首先看一下质量竞争模型的结构。泰勒尔的基准模型是双寡头竞争模型，首先假设消费者的效用函数为：

$$U = \begin{cases} s - p/\theta \\ 0 \end{cases} \tag{5-1}$$

当消费者购买质量为 s 的一件商品时，其效用为 $\theta s - p$，如果不购买，效用为 0，θ 代表消费者的偏好，其分布函数为 $F(\theta)$，s 为产品质量，两个寡头厂商选择自己产品的质量和价格，最大化其收益。用 s_1 和 s_2 分别代表低质量产品和高质量产品，当低质量的产品没有被主导时，高质量产品和低质量产品的需求分别为：

$$D_2(p_1, p_2) = N\left[1 - F\left(\frac{p_2 - p_1}{s_2 - s_1}\right)\right] \tag{5-2}$$

$$D_1(p_1, p_2) = N\left[F\left(\frac{p_2 - p_1}{s_2 - s_1}\right) - F\left(\frac{p_1}{s_1}\right)\right] \tag{5-3}$$

式（5-2）对 s_2、式（5-1）对 s_1 求导，可得

$$\frac{\partial D_2}{\partial s_2} = Nf\left(\frac{p_2 - p_1}{s_2 - s_1}\right)\frac{p_2 - p_1}{(s_2 - s_1)^2} > 0 \tag{5-4}$$

$$\frac{\partial D_1}{\partial s_1} = N\left[f\left(\frac{p_2 - p_1}{s_2 - s_1}\right)\frac{p_2 - p_1}{(s_2 - s_1)^2} + f\left(\frac{p_1}{s_1}\right)\frac{p_1}{s_1^2}\right] > 0 \tag{5-5}$$

在泰勒尔（1988）模型中，厂商的成本没有考虑，那么在给定其竞争对手质量选择的基础上，厂商的收益与厂商的需求是同方向，由式（5-4）和式（5-5）可知，厂商的产品质量的提高可以增加自己产品的需求，同时也可以推导出，在一定条件下会减少竞争对手的需求。基于此，我们可以建立一个技术引进的寡头竞争模型，假设行业内只有两个厂商，且两个厂商生产异质性的产品，与泰勒尔（1988）不同，我们此处的异质性是一般意义上的异质性，即产品的不完全替代性，厂商的技术进步会提高自己的利润，降低竞争对手的利润，为简化问题，可假设，两厂商的利润函数分别为：

$$\Pi_i(t) = s_i(t) - \theta s_j(t) \qquad (5-6)$$

$$\Pi_j(t) = s_j(t) - \theta s_i(t) \qquad (5-7)$$

其中，Π 是企业的利润；字母 i 和 j 代表企业；s 代表企业的技术水平；θ 表示竞争对手技术水平的提高对本企业利润的影响程度，在某种程度上可以理解为市场的竞争程度。整个市场在第 t 期的利润为：

$$\Pi_i(t) + \Pi_j(t) = (1-\theta)[s_i(t) + s_j(t)] \qquad (5-8)$$

为保证企业技术水平的提高可以增加市场利润，此处可假设 $\theta < 1$，这样任何一个企业的技术进步都可以拓展整个市场的利润空间。

由于本国的技术水平比较落后，因此在任意时期本国企业有引进国外先进技术的冲动，当其中一个企业引进技术后，该企业在竞争中就会处于有利的位置，企业的利润会增加，如果在时期 t 企业 i 引进了国外的先进技术，两企业的利润分别为：

$$\Pi_i(t) = s_w(t) - \theta s_j(t) - p_w(t) \qquad (5-9)$$

$$\Pi_j(t) = s_j(t) - \theta s_w(t) \qquad (5-10)$$

其中，$s_w(t)$ 是时期 t 世界的技术水平，此处我们假设它以一个外生的速度进步；$p_w(t)$ 是企业 i 购买（或租用）该技术的价格，为简单起见，可以假设价格为企业 i 利润增量的一个份额，此处设为 0.5。由于技术一直在进步，因此每一期国内企业都面临一个技术的引进问题，而每一期国外的技术销售商只把技术卖给出价最高的那个国内企业，没有获得技术的企业将会投入 R&D 对以前的技术进行消化吸收，以进一步提高其技术水平。企业消化吸收的效率受其人力资本存量的制约，简单地讲消化吸收企业的技术进步率是其 R&D 投入与人力资本的函数，且 R&D 投入时边际报酬递减的，那么在第 t 企业 j 的技术水平为：

$$s_j(t) = s_w(t-1) - \frac{1}{2}m_j(t)^2 + H_j(t)m_j(t) \qquad (5-11)$$

其中，$s_w(t-1)$ 是企业 j 前一期引进的技术水平；$m_j(t)$ 为时期 t 企业 j 的消化吸收投入；$H_j(t)$ 为其人力资本存量。那么，在附加 R&D 投入的条件下，企业 j 的利润为：

$$\Pi_j(t) = s_j(t) - \theta s_w(t) - m_j(t) \qquad (5-12)$$

在相当一段时期内，由于国内的人力资本水平，以及研发系统的效率低于国外的先进水平，故国内的技术进步率低于国外，因此，每一时期国内总有技术的引进，相伴的也有企业在消化吸收以前的技术。在此处的模型中，国内两企业的技术引进一定是交替进行的，这是由技术的竞买形成的。因此，如果第 t 期企业 i 是技术引进企业，那么企业 j 的问题就是选择最优的 R&D 投入量，以最大化它的利润，即：

$$\max_{m_j(t)}: s_j(t) - \theta s_w(t) - m_j(t) \qquad (5-13)$$

将式（5-4）代入式（5-6），可得均衡时企业 j 在第 t 期的技术消化吸收的 R&D 投入，由于行业中只有两个企业，因此，这也是整个行业的技术消化吸收投入，其投入量为：

$$m(t) = m_j(t) = H_j(t) - 1 \qquad (5-14)$$

式（5-14）中 $m(t)$ 表示行业的消化吸收 R&D 投入量，也就是企业 j 的投入，下面的问题是需要知道行业的技术引进的支出，也就是企业 i 的支出，由于企业 i 的技术购买支出是其利润增量的一个份额（0.5），因此需要知道企业 i 本期和前期的利润量，企业 i 本期的利润是：

$$\Pi_i(t) = s_w(t) - \theta\left\{s_w(t-1) - \frac{1}{2}\left[H_j(t) - 1\right]^2 + H_j(t)\left[H_j(t) - 1\right]\right\}$$

$$(5-15)$$

企业 i 第 $t-1$ 期的利润是在企业 j 技术引进的条件下，优化其消化吸收的 R&D 得到的，其均衡水平为：

$$\Pi_i(t-1) = s_w(t-2) - \frac{1}{2}[H_i(t-1)-1]^2 + H_i(t-1)[H_i(t-1)-1] - \theta s_w(t-1)$$

$$(5-16)$$

式（5-8）与式（5-9）的差，就是企业 i 在第 t 期的利润增量，为简化分析，我们假设两企业的人力资本相同，且以相同的外生速度增长，那么企业 i 的利润增量为：

$$\Pi_i(t-1) - \Pi_i(t-1) = s_w(t) - s_w(t-2) - \theta\left[\frac{1}{2}H^2(t) - 1\right]$$

$$-\left[\frac{1}{2}H^2(t-1) - 1\right] \qquad (5-17)$$

因此，第 t 期国内该行业的技术进口的支出就是式（5-10）的一半，进而，第 t 期国内技术消化吸收 R&D 投入与技术引进支出的比例为：

$$g(t) = \frac{2[H(t)-1]}{s_w(t) - s_w(t-2) - \theta\left[\frac{1}{2}H^2(t)-1\right] - \left[\frac{1}{2}H^2(t-1)-1\right]}$$

$$(5-18)$$

下面分析 $g(t)$ 的影响因素，首先是国内人力资本存量 $H(t)$ 的变化，式（5-18）对 $H(t)$ 求偏导数，可得，

$$\frac{\partial g(t)}{\partial H(t)} =$$

$$\frac{2\left\{s_w(t) - s_w(t-2) - \theta\left[\frac{1}{2}H^2(t)-1\right] - \left[\frac{1}{2}H^2(t-1)-1\right]\right\} + 2\theta H(t)[H(t)-1]}{s_w(t) - s_w(t-2) - \theta\left[\frac{1}{2}H^2(t)-1\right] - \left[\frac{1}{2}H^2(t-1)-1\right]^2}$$

$$(5-19)$$

由式（5-19）可知 $\frac{\partial g(t)}{\partial H(t)} > 0$，即国内人力资本的增加会提高国内企业消化吸收与技术引进的支出比。其主要有两个原因引起。从式（5-7）可以看出，$H(t)$ 的增加会提高国内技术消化吸收的效率，因此会增加消化吸收 R&D 的投入，即式（5-11）的分子会变大；从式（5-10）可以看出 $H(t)$ 的增加会降低技术引进的收益，这是因为人力资本增加会导致竞争企业的技术进步加快，因而减少了技术引进的潜在利润。因此，从总体上

看，$g(t)$ 与 $H(t)$ 是正相关的，基于此可得命题1。

命题1：国内企业消化吸收与技术引进的支出比与其人力资本存量正相关。

$g(t)$ 与世界技术进步速度的关系比较直观，从式（5–10），世界技术进步的增快，即 $s_w(t) - s_w(t-2)$ 的增加会增加技术引进的收益，因而会使 $g(t)$ 减少，即 $g(t)$ 与 $s(i)$ 负相关，可得命题2。

命题2：国内企业消化吸收与技术引进的支出比与国外技术进步速度负相关。

关于 $g(t)$ 与市场竞争 θ 的关系，市场竞争的增强会提高竞争企业对技术引进企业的产品替代，因此会减少技术引进的潜在收益，也就减少了技术引进的支出，因此会使 $g(t)$ 增大，即 $g(t)$ 与 θ 正相关，由此可得命题3。

命题3：国内企业消化吸收与技术引进的支出比与该行业的市场竞争正相关。

四、理论结论

从理论模型来看，国内企业技术消化吸收 R&D 投入和技术引进支出的比值与国内人力资本的存量正相关，与该行业世界先进技术的进步率负相关，与国内该行业的市场竞争正相关。国外的技术进步是外生的，因此，要促进国内企业对引进技术的消化吸收，只能从增加国内人力资本和促进市场竞争入手了。

第二节　中国高技术产业的实证检验

一、理论假设

本节我们使用中国高技术产业的数据对前面的理论进行经验检验，首先要提出理论假设。与前面两章的理论分析不同，本章理论分析的结论比较直接，因此可直接从上一节的命题中得出消化吸收与技术引进的支出比和国内人力资本、国外技术进步，以及国内市场竞争的理论假设。

假设1：国内企业消化吸收与技术引进的支出比和国内人力资本存量正相关。

假设2：国内企业消化吸收与技术引进的支出比与国外技术进步速度负相关。

假设3：国内企业消化吸收与技术引进的支出比与该行业的市场竞争正相关。

二、变量与数据的选取

在中国高技术产业统计年鉴中，有技术引进经费支出和消化吸收经费支出两个统计指标，因此国内消化吸收与技术引进支出比可以直接用这两个指标来合成。人力资本存量仍然使用科技活动人员中科学家和工程师的数量来代表。市场竞争使用大企业产值占整个行业产值的比重来衡量。最后是国外的技术进步，这一指标用国际上该行业每年专利的授权数量来表示，该数据可从 OECD 的官方网站得到，具体见表 5 –1。

表 5 –1　　　　　　　　高技术产业国际专利授权数量

专利号	1999 年	2000 年	2001 年	2002 年	2003 年	2004 年	2005 年	2006 年	2007 年
医药制造									
C01B	244.8	294.3	259.6	272.1	267.1	322.6	373.9	374.5	395
C01C	13.1	16.4	8.8	9.2	11.6	12.3	4.5	8.6	11.6
C01D	9.0	5.7	7.1	8.6	6.9	10.9	10.9	13.5	10.8
C01F	41.6	28.1	27.3	21.7	28.6	42.4	51.6	42.1	37.5
C01G	62.5	74.3	68.6	70.9	75.4	83.4	69.5	79.1	102.1
C07B	193.2	209.6	183.6	126.2	62.6	63.2	58.6	52.0	50.1
C07C	1212.6	1229.5	1122.7	1085.6	1153.4	1129.4	1193.3	1193.8	1122.8
C07D	1338.4	1424.6	1474.7	1801.9	2293.2	2339.6	2197.4	2012.5	1816.6
C07F	229.1	214.3	247.1	240.9	260.9	265	268.8	255.3	223.4
C07G	3.2	2.7	2.7	2.2	3.0	1.9	5.8	2.1	3.5

续表

专利号	1999 年	2000 年	2001 年	2002 年	2003 年	2004 年	2005 年	2006 年	2007 年
C07H	155.8	169.9	174.2	254.5	262.3	237.5	236.1	207.8	174.9
C07J	44.4	46.8	37.4	45.2	50.5	45.6	39.4	30.2	36.3
C07K	920.7	1047.7	953.6	1078.2	1082.7	930.3	912.6	874.4	871.7
C08B	64.4	72.2	69.7	0	63.4	72.9	86.5	80.3	90.0
C08C	13.5	21.8	14.8	8.5	11.4	10.7	15.4	15.2	20.6
C08F	867.3	857.9	725.0	732.9	665.0	717.7	699.0	670.9	620.5
C08G	689.0	671.3	666.6	708.1	711.4	756.0	736.3	763.3	699.9
C08H	2.0	3.6	5.6	5.3	6.0	3.6	2.2	5.5	4.2
C08J	319.8	337.5	295.5	260.9	325.0	365.3	435.3	388.6	375.9
C08K	404.3	435.0	408.0	446.7	478.6	508.5	529.5	487.3	469.0
C08L	725.0	737.5	676.3	684.4	755.3	795.5	836.0	754.9	765.1
T	4438.5	3570.5	4276.5	3389.6	3592.8	4710.5	4802.9	4535.8	4355.0

航空航天器制造业

B64B	7.3	1.8	4.0	5.4	7.1	6.1	10.4	3.7	5.4
B64C	103.8	99.1	101.9	116.2	133.2	183.9	202.1	212.1	249.2
B64D	79.0	105.1	106.6	112.6	144.0	150.1	193.0	191.8	229.9
B64F	23.4	25.4	18.0	25.3	29.6	29.1	29.9	31.4	43.0
B64G	45.8	54.3	33.6	31.0	29.0	32.6	21.8	37.5	31.5
T	259.3	285.7	264.1	290.5	342.9	401.8	457.2	476.5	559.0

电子及通信设备制造业

H04B	1641.1	1686.5	1446.2	1461.3	1445.4	1502.8	1618.1	1596.1	1641.0
H04H	129.3	143.1	128.4	109.4	116.8	135.0	196.0	189.9	206.2
H04J	440.1	373.3	363.4	300.8	296.4	368.4	335.8	326.6	346.3
H04K	10.2	8.2	9.5	20.7	25.1	35.6	34.8	53.1	38.3
H04L	2903.3	3495.1	3668.1	4019.1	4132.8	4331.0	4540.5	4847.1	4779.2
H04M	1097.5	1124.6	923.7	848.1	995.9	1031.3	1060.4	946.0	824.6
H04N	2053.8	2389.2	2433.1	2644.1	2574.4	2792.4	2776.2	2744.5	2536.3
H04Q	645.1	604.1	507.7	390.6	346.1	372.5	375.7	201.7	178.8
H04R	303.3	333.9	312.8	322.3	426.0	434.2	497.5	512.2	523.5
H03B	61.2	62.7	62.2	47.1	45.7	46.9	59.2	30.9	23.7
H03C	16.7	17.2	16.9	23.4	15.3	12.1	17.2	19.2	8.8
H03D	54.8	69.7	52.4	53.0	58.2	54.0	48.9	36.6	44.9

专利号	1999 年	2000 年	2001 年	2002 年	2003 年	2004 年	2005 年	2006 年	2007 年
H03F	208.1	257.5	209.5	218.5	218.8	196.5	170.0	204.0	156.4
H03G	78.4	85.5	87.9	76.9	82.5	75.9	65.5	79.1	48.0
H03H	208.3	212.5	220.0	168.6	185.0	169.8	187.6	149.6	123.4
H03J	41.8	42.1	32.0	25.8	22.8	25.7	27.3	23.5	18.2
H03K	254.8	257.5	282.3	262.5	253.3	281.9	270.4	250.5	247.6
H03L	106.7	114.5	120.4	101.0	92.7	78.5	79.6	74.9	51.6
H03M	365.2	369.9	345.1	352.3	303.0	325.1	257.7	280.2	260.5
T	2924.0	2951.7	3674.2	3321.0	3483.6	2612.5	2623.2	3378.0	3100.8
电子计算机及办公设备制造业									
B41B	2.8	0.8	1.0	0.8	2.6	0.9	1.0	..	..
B41C	69.8	73.2	63.9	62.7	63.6	80.3	67.8	50.8	55.5
B41D	0.7	..	..	0.2	..	0.1	1.0	0.2	..
B41F	325.6	344.8	297.2	297.3	259.9	285.4	325.9	345.2	311.1
B41G	..	0.2	1.3	0.8	0.3	0.1	..	2.3	0.5
B41J	834.6	851.7	773.6	879.6	751.6	829.2	739.8	602.2	575.3
B41K	8.2	11.3	6.1	7.4	10.2	8.2	12.7	9.7	4.1
B41L	23.7	14.0	1.8	7.9	9.7	5.5	3.8	4.5	0.8
B41M	261.0	288.2	309.9	316.4	264.8	272.2	195.0	193.5	203.4
B41N	55.8	66.1	53.6	56.2	42.3	54.8	37.8	34.9	35.4
B42B	7.6	7.2	6.4	10.1	9.9	10.4	10.3	13.6	8.8
B42C	25.9	28.3	22.8	27.1	17.4	24.7	36.4	35.8	20.4
B42D	87.2	89.9	84.5	122.2	127.6	148.7	120.1	146.5	122.4
B42F	45.1	41.7	34.7	43.7	37.5	45.4	48.3	36.8	54.5
B43K	47.1	46.2	47.2	44.7	43.2	45.7	37.3	39.4	39.9
B43L	18.0	10.9	14.5	11.3	12.8	13.9	7.9	4.6	8.3
B43M	10.8	14.8	14.7	12.7	19.6	18.0	12.3	14.2	8.9
T	1823.9	1889.3	1733.2	1901.1	1673.0	1843.5	1657.4	1534.2	1449.3
医疗设备及仪器仪表制造业									
G01B	325.2	310.7	296.5	314.8	305.2	341.5	364.8	375.9	333.5
G01C	239.2	265.0	245.4	243.6	282.0	330.7	367.2	422.9	450.7
G01D	193.1	204.5	216.3	210.0	259.7	309.7	297.1	312.6	293.5
G01F	271.4	265.9	265.9	267.4	272.6	267.4	332.9	310.5	302.9

续表

专利号	1999 年	2000 年	2001 年	2002 年	2003 年	2004 年	2005 年	2006 年	2007 年
G01G	83.1	96.0	69.4	98.8	69.1	72.5	105.6	95.1	112.9
G01H	29.3	25.8	19.6	30.8	29.5	22.9	37.6	36.0	44.8
G01J	160.0	167.4	165.0	158.5	189.6	202.3	196.0	195.2	177.0
G01K	69.1	71.6	91.1	74.7	98.0	91.7	111.7	133.4	132.6
G01L	163.1	192.0	175.5	170.3	213.1	234.7	259.9	235.9	234.2
G01M	155.6	176.0	160.2	185.3	173.8	194.0	184.0	192.3	175.3
G01N	2280.6	2711.6	2725.4	2670.8	2692.2	2707.3	2891.8	2754.8	2772.9
G01P	134.0	110.0	129.9	117.0	134.1	150.1	145.6	118.8	115.2
G01R	572.2	594.3	598.2	562.0	680.7	702.2	675.4	696.7	582.1
G01S	389.2	458.3	550.6	515.6	573.8	599.4	635.3	582.5	652.0
G01T	76.9	95.1	97.2	84.6	101.0	103.9	120.9	149.5	133.5
G01V	140.8	136.2	159.9	151.0	149.9	182.6	189.8	242.7	258.5
G01W	7.3	6.5	8.9	3.4	9.5	13.5	7.6	12.5	11.7
G02B	1292.7	1492.4	1555.9	1454.3	1305.7	1479.1	1345.3	1385.8	1359.6
G02C	106.0	144.4	100.3	126.3	124.6	150.5	110.9	143.9	131.8
G02F	425.2	463.0	483.5	430.8	416.1	446.4	377.2	517.1	448.9
G03B	192.4	206.3	180.0	179.1	223.2	197.8	183.7	190.7	162.8
G03C	211.7	245.9	188.0	150.6	85.9	64.9	36.9	17.1	17.2
G03D	26.2	50.4	29.3	17.9	11.1	14.5	10.0	0.7	1.0
G03F	333.2	403.9	411.4	472.7	576.9	549.5	534.5	407.0	339.5
G03G	346.1	476.9	427.4	451.8	391.8	478.8	431.7	513.9	554.5
G03H	24.9	36.8	28.3	30.1	44.9	34.8	39.5	50.0	44.5
G04B	68.0	65.6	67.2	89.7	104.6	115.3	136.4	129.6	107.9
G04C	29.5	31.7	19.2	27.7	22.4	13.2	14.6	23.1	15.6
G04D	5.5	7.4	2.2	3.2	2.6	4.5	3.2	4.8	2.5
G04F	6.9	8.0	16.1	18.2	22.6	14.1	25.1	13.5	23.6
G04G	41.8	51.3	34.5	45.9	42.7	27.3	31.8	38.1	29.2
G05B	312.6	424.3	429.8	384.7	415.0	478.0	511.3	487.3	536.4
G05D	143.9	155.5	127.8	156.9	155.8	210.4	231.8	249.5	218.4
G05F	57.7	66.2	60.1	54.6	59.6	81.7	69.0	66.1	60.1
G05G	65.7	64.3	76.8	64.4	58.7	59.7	67.8	52.8	70.3
G06C	..	0.2	1.5	0.5	1.0	3.8	7.7	0.6	..
G06D	..	..	..	..	..	..	0.3	0.2	
G06E	2.7	5.1	1.2	3.4	2.7	2.0	2.0	1.3	4.5

专利号	1999 年	2000 年	2001 年	2002 年	2003 年	2004 年	2005 年	2006 年	2007 年
G06F	3482.0	3970.1	4133.3	4133.8	4766.9	5597.2	5538.8	5376.7	5023.6
G06G	9.3	14.8	13.1	10.2	19.0	20.8	29.5	22.4	19.7
G06J	5.8	1.5	2.5	0.3	0.5	1.5	2.0	0.3	0.4
G06K	621.2	632.9	598.5	681.2	760.3	910.7	955.3	897.7	819.4
G06M	12.4	8.1	6.5	7.0	8.4	15.8	11.1	8.3	8.6
G06N	56.8	66.5	60.6	66.3	47.6	55.2	60.9	56.2	50.5
G06T	633.0	674.1	738.3	703.4	727.0	797.7	802.1	819.8	745.0
G07B	99.5	95.9	84.3	79.1	80.5	96.9	70.4	78.5	71.1
G07C	118.7	159.3	157.1	151.9	148.9	170.3	166.4	149.7	180.4
G07D	96.6	118.6	121.0	126.9	143.9	147.7	151.2	113.1	148.8
G07F	339.9	420.0	369.7	354.8	375.2	410.5	300.8	257.5	241.1
G07G	40.8	36.1	22.3	30.1	24.3	23.2	28.5	17.3	28.0
G08B	187.5	187.4	197.5	220.4	277.4	312.2	329.7	309.1	264.2
G08C	63.9	67.1	65.6	80.9	81.3	75.9	95.1	81.0	79.7
G08G	168.3	192.3	195.4	166.8	198.6	160.9	192.7	217.0	248.7
G09B	117.6	122.5	153.0	151.1	122.9	141.9	110.8	115.0	113.0
G09C	40.7	48.9	48.8	42.9	18.9	15.5	11.5	15.8	11.3
G09D	1.0	1.2	..	0.7	..	0.2	..	1.0	0.7
G09F	288.2	292.9	286.8	247.9	285.6	302.0	220.8	250.6	217.0
G09G	293.3	345.0	413.0	473.6	604.1	674.1	648.5	598.5	479.0
G10B	0.3	1.3	0.8	..	2.5	0.9	0.5	..	..
G10C	3.5	7.9	2.3	4.4	6.7	6.8	8.5	9.2	5.5
G10D	27.0	29.5	26.8	15.1	17.7	25.8	30.3	31.1	25.2
G10F	..	0.4	1.3	..	3.4	2.4	1.2	5.5	1.5
G10G	8.3	10.4	7.7	6.9	4.7	5.5	7.2	4.9	6.3
G10H	63.0	59.9	55.3	52.6	61.6	70.0	60.5	62.3	60.8
G10K	78.8	98.4	77.8	75.0	76.1	79.9	78.2	77.0	80.0
G10L	390.9	410.3	392.8	358.1	349.2	367.8	417.5	393.6	308.8
G11B	1306.6	1300.2	1292.6	1609.9	1797.8	1588.2	1123.7	861.4	587.4
G11C	347.8	398.2	397.6	437.7	357.4	343.8	392.3	331.3	245.3
G12B	2.9	2.7	3.4	3.7	8.6	9.5	5.6	5.4	8.8
B60K	322.8	288.2	292.0	321.5	371.2	381.4	426.1	387.9	428.9
T	9849.3	10874.8	10726.0	10766.8	11487.3	12393.1	12472.0	13198.2	12264.2

资料来源：OECD 官网。

　　表5-1是根据OECD官网公布的数据整理而得的，专利分类是根据国际专利索引（IPC）而分，再依据中国高技术产业的分类目录，将相关的专利汇总出来，来测度特定行业的技术进步，在每一大类的最后有一行数据是加总数据（T）。表5-2是根据中国高技术产业统计年鉴汇总的数据，其中专利授权是表5-1中的相关行业的世界专利授权量。

表5-2　　　　　中国高技术产业技术引进与消化吸收支出等

部类	时间	支出比值	研发人员	市场竞争	专利授权
医药制造	1999	0.461523	18226	0.440289	4438.5
	2000	0.266727	22480	0.43475	3570.5
	2001	0.156088	24306	0.443357	4276.5
	2002	0.177177	33946	0.430387	3389.6
	2003	0.259828	29424	0.201152	3592.8
	2004	0.408485	30277	0.154907	4710.5
	2005	0.976434	36023	0.188297	4802.9
	2006	1.087121	42241	0.187997	4535.8
	2007	1.403111	49832	0.213329	4355
航空航天器制造	1999	0.573252	32844	0.889453	259.3
	2000	0.065217	35554	0.886475	285.7
	2001	0.043744	35202	0.930792	264.1
	2002	0.045256	33013	0.930547	290.5
	2003	0.016561	29303	0.737945	342.9
	2004	0.047321	22701	0.697967	401.8
	2005	0.047344	32303	0.780961	457.2
	2006	0.093176	30669	0.754137	476.5
	2007	0.163558	29942	0.745695	559
电子及通信设备制造	1999	0.066009	55906	0.536103	2924
	2000	0.041615	67525	0.533883	2951.7
	2001	0.033137	80974	0.664642	3674.2
	2002	0.059612	79343	0.640368	3321
	2003	0.055635	89478	0.433743	3483.6
	2004	0.097296	93216	0.404378	2612.5
	2005	0.340527	121781	0.479371	2623.2
	2006	0.102363	138837	0.483702	3378
	2007	0.058592	194483	0.498101	3100.8

续表

部类	时间	支出比值	研发人员	市场竞争	专利授权
电子计算机及办公设备制造	1999	0.067268	8301	0.282827	1823.9
	2000	0.078829	11347	0.244491	1889.3
	2001	0.065079	14275	0.531753	1733.2
	2002	0.010245	13310	0.537574	1901.1
	2003	0.008745	19328	0.666438	1673
	2004	0.038802	24374	0.661117	1843.5
	2005	0.076701	33269	0.713918	1657.4
	2006	0.045013	31014	0.739924	1534.2
	2007	0.099722	41721	0.755655	1449.3
医疗设备及仪器仪表	1999	0.238869	13394	0.269412	9849.3
	2000	0.070294	14171	0.317169	10874.8
	2001	0.063025	14602	0.287128	10726
	2002	0.027328	13863	0.267471	10766.8
	2003	0.089227	14847	0.109245	11487.3
	2004	0.331063	11754	0.087088	12393.1
	2005	1.437405	17054	0.13498	12472
	2006	0.422381	21064	0.162853	13198.2
	2007	0.493566	27548	0.180867	12264.2

资料来源：专利授权根据 OECD 统计的世界专利授权量整理而得，其他数据来自 2002~2008 年《中国高技术产业统计年鉴》。

三、经验检验

由于关于世界专利数据的缺乏，这里的检验只能使用 1999~2007 年的数据，计量模型为：

$$y_{it} = \alpha_{it} + x'_{it}\beta_{it} + u_{it}, i = 1,2,3,4,5, t = 1999, \cdots, 2007 \qquad (5-20)$$

其中，因变量是国内高技术产业消化吸收与技术引进支出的比值（ZCB），解释变量 $x'_{it} = [SCJZ_{it}, ZLSQ_{it}, \ln(ZLSQ_{it}), \ln(KXGC_{it})]'$，分别为市场竞争、世界专利授权量、世界专利授权量的对数，以及科技活动人员中科学家和工程师的对数。在回归之前，首先对变量的平稳性做检验，表 5-3 是变量的单位根检验结果。

表 5 – 3   变量单位根检验

检验方法	ZCB	SCJZ	ZLSQ	ln (ZLSQ)	ln (KXGC)
LLC	– 0.30214 (0.9853)	– 0.16877 (0.2295)	– 0.34820 (0.2929)	– 0.01927 (0.9724)	– 0.17669 (0.3983)
IPS	1.575 (0.942)	0.679 (0.751)	0.922 (0.822)	2.041 (0.979)	1.314 (0.906)
FISHER	3.7070 (0.9596)	9.5938 (0.4768)	3.8391 (0.9543)	3.9018 (0.9517)	1.8622 (0.9973)
检验方法	一阶差分	一阶差分	一阶差分	一阶差分	一阶差分
LLC	– 1.00496 (0.0629)	– 0.75242 (0.0491)	– 1.21027 (0.0000)	– 0.85386 (0.0016)	– 0.81570 (0.0015)
IPS	– 12.157 (0.000)	– 2.131 (0.017)	1.017 (0.037)	– 2.216 (0.013)	– 2.237 (0.013)
FISHER	77.7006 (0.0000)	27.4750 (0.0022)	22.8445 (0.0113)	25.4813 (0.0045)	20.8145 (0.0224)

从表 5 – 3 的单位检验结果看。自变量和因变量都存在单位根，但一阶差分后，数据都平稳了，即自变量和因变量都是一阶单整的，直接对之回归是有效的。表 5 – 4 是面板数据的回归结果。

表 5 – 4   回归结果

解释变量	固定效应		随机效应	
	回归系数	P 值	回归系数	P 值
常数项	– 0.7972154	0.779	12.60617	0.000
SCJZ	– 0.7810012	0.045	– 1.316652	0.001
ZLSQ	0.0002034	0.028	0.0000307	0.218
LN (ZLSQ)	– 0.3048046	0.349	– 0.2250463	0.041
LN (KXGC)	0.2845869	0.025	0.1274433	0.087
R^2 组内	0.3453	—	0.1739	—
Hausman（P）	chi2(4) = 4.90　Prob > chi2 = 0.2979			

从豪斯曼检验的结果看，不能拒绝误差项与解释变量不相关的假设，

即此处应该采用随机效应模型。在随机效应的回归结果中,市场竞争变量的系数是 -1.316652,显著水平为 0.001,即高度显著为负。由于市场竞争指标采用的是大企业产值占整个行业产值的比重,因此该值的增加表明市场竞争的减弱,所以此处系数为负,表明中国高技术产业对消化吸收的重视程度随着市场竞争的增强而增强,也即是说增强产业内的市场竞争可以促进企业对引进技术的消化吸收。世界专利授权的水平值不显著,但对数值的系数在 5% 的水平上是显著的,其系数为 -0.3048046,说明世界技术进步的速度越快,国内企业对引进技术的消化吸收就越不重视,这一结果与理论结论是一致的。最后,科技活动人员中科学家和工程师的数量的对数的系数是 0.2845869,其显著水平为 0.087,这说明人力资本的增加会促使企业对加强对引进技术的消化吸收。

第三节 本章小结

无论在理论上,还是在经验上,本研究都支持技术引进与消化吸收比例的形成是由经济内生决定的,因此,中国当前"重技术引进,轻消化吸收"局面的形成是有深刻的经济原因的,绝不是简单的政策刺激就能使中国企业转向重视消化吸收与自主创新道路上来的。形成这一局面的原因主要有三个:一是中国的人力资本积累不足,使得企业消化吸收引进技术的成本比较高;二是国际技术的进步速度过快,如这里的电子、通信行业,使得产品的生命周期过短,使得企业消化吸收的预期收益过少,甚至为负;三是市场竞争不充分,如目前我国还存在许地方市场保护,行业垄断等阻碍竞争的因素,使得引进技术的租金不能耗散,因而企业有过度引进、重复引进的冲动。因此解决我国"重技术引进,轻消化吸收"问题的办法应从三个方面入手:一是加大高等教育的投入,在基础科学和技术上加快追赶的速度,这一方面会提高我国消化技术的效率,另一方面也为自主创新打下基础;二是推动产学研的合作,进一步发挥教育投入的作用,同时也会降低企业的研发成本;三是进一步深化市场改革,促进竞争,降低过度引进的冲动。

第六章

异质性条件下技术引进再创新
最优市场结构

第一节 技术引进再创新最优市场
结构理论研究

一、引言

技术引进，消化吸收再创新是技术上相对落后国家赶超先进的有效途径。新中国建立到改革开放初期，我国曾三次大规模引进成套技术设备，首次是 20 世纪 50 年代初期从苏联引进的以 "156 项工程" 为主的 304 套设备，以及从东欧引进的 116 个成套设备；第二次是 70 年代从西方国家引进的价值约合 43 亿美元的 26 项大型成套设备，简称 "四三方案"；第三次是 70 年代末到 80 年代初斥资 65 亿美元从西方国家引进的 22 套大型设备，简称 "六五方案"。改革开放以来我国加大了技术引进的力度，技术引进每年呈递增趋势，1980 年我国技术合同引进金额为 1.16 亿美元，2008 年技术合同引进金额为 271.33 亿美元，是 1980 年的 133.9 倍，年均递增 121.5%。与此同时，国内 R&D 投资也逐年增长，1987 年为 74 亿元，到 2009 年已经增加到 5802.1 亿元，年均递增 143.7%。伴随着技术的引进，以及国内大量的自主研发，我国的技术水平已有大幅提高，在某些领域已达到国际先进水平。然而，技术引进是否必然带来国内技术水平和自主研发水平的提高呢？从国际经验来看，日本、韩国等国家通过技术引进，消化吸收再创新，已经走上了自主创新的道路，然而还有许多国家则陷入了"引进—落后—再引进—再落后"的怪圈。从国内情况来看，我国家电、纺织等行业已经可以自主创新，而汽车等行业则严重依赖国外技术，自主创新能力有限。这就是说，技术引进对不同国家，对不同行业的影响是不同的，有的可能促进自主创新，有的则会抑制自主创新。那么在何种条件下技术引进能够促进自主创新就成为一个十分重要的问题。然而从目前的研究来看，国外的学者多站在发达国家的角度，研究跨国公司应如何进行技术转移，以及技术转移以后有多少溢出。国内学者关注较多的也是技术引进的溢出效应，或者是比较不同引进方式的溢出效应，对技术引进促进自主创新的条件关注不够。基于此，本节以市场结构为主线，具体考察了技术引进的"生产效应""学习效应"和"扩散效应"，引入产品差异、研发能力等多个变量，系统研究技术引进促进再创新的条件。

二、相关文献回顾

关于技术引进对自主创新影响的文献，目前大体上分为四个方向：一是研究外商直接投资（Foreign Direct Investment，FDI）对东道国的技术溢出效应，该方向是这一领域的主流文献；二是国际技术贸易对自主创新的影响；三是关于跨国公司在 FDI 和技术贸易两种技术转移方式间的权衡，以及两种方式对东道国的不同影响；四是综合的研究技术引进对自主创新，以及东道国福利的影响。下面就按这一思路对相关文献作简要回顾。

FDI 溢出效应的研究最早可以追溯到麦克杜格尔（MacDougall，1960），他在研究 FDI 对东道国的影响时，第一次将 FDI 的技术溢出效应作为一个研究对象。随后，凯夫斯（1971）等在研究中也多次提到技术溢出，但此时还处于概念阶段，FDI 的技术溢出效应真正成为一个明确的经济学研究范畴始于凯夫斯在 1974 的研究（王春法，2004）。之后 FDI 技术溢出效应的文献便呈几何速度增长。科伊祝尼和科佩基（Koizumi and Kopecky，1977）研究了 FDI 技术扩散的影响因素，芬德莱（Findlay，1978）将 FDI 技术溢出效应纳入传统的国际资本流动的框架来研究，达斯（Das，1987）则从企业竞争的角度来研究技术的溢出效应，王和布鲁姆斯特姆（Wang and Blomstrom，1992）则认为 FDI 的技术溢出是东道国与跨国公司间的交互作用决定的，科科（Kokko，1994）将技术溢出的源泉分为示范、模仿和企业间竞争两类。国内关于 FDI 技术溢出的理论研究多数是基于博弈论的探讨，如蒋殿春（2001）建立一个跨国公司与国内公司的双寡头竞争模型研究二者之间的创新竞争，研究表明：跨国公司比国内公司有更高的创新动机，国内公司技术进步的速度慢于跨国公司，在构成厂商技术创新主体的普通技术竞争中，国内厂商出于不利地位。高春亮等（2007）建立的动态区位博弈模型的分析表明，在新产品市场上国内企业只有通过自主研发才能实现利润最大化，从而对"以市场换技术"的策略提出了挑战。谢建国（2007）的两阶段古诺竞争模型表明，在国内企业模仿能力有限的条件下，跨国公司的低水平技术转移将损害国内企业的自主创新能力。FDI 的溢出效应有大量的实证研究，但从现有的文献来看，关于 FDI 技术溢出效应是否为正这一问题还没有达成一致。凯夫斯（Caves，1974）对加拿大和澳大利亚的检验，刘等（Liu et al.，2000）对英国制造业的检验，科宁（Konings，2001）对保加利亚等转型国家的检验都发现 FDI 对东道国有正的溢出效应。艾特肯和哈里森（Aitken and Harrison，1999）对委内瑞拉的检验，木下（Kinoshita，2001）对捷克制造业的检验均发现 FDI 有负的溢出效应，或正溢出效应不明显。国内学者对此问题的观点也不一致。姚洋（1998）、沈坤荣等（2000）、徐涛（2003）、蒋殿春和夏良科（2005）等认为 FDI 对东道国有正的技术溢出效应。姚洋、章奇（2001）、包群、赖明勇（2002）、张海洋（2005）等认为 FDI 没有促进国内技术进步，或者 FDI 需要一定的条件才有正的溢出效应。

技术引进的另一条途径是国际技术贸易，国际技术贸易也是技术在国际间转移与扩散的最直接方式，其主要形式有：许可证贸易、咨询与技术服务、合作生产等。技术转让对东道国影响的观点也是不统一的。皮莱（Pillai，1979）等认为，大量的技术进口会降低发展中国家自主创新的动机。库弥（Kumar，1987）、德拉利卡和埃文森（Deolalikar and Evenson，1989）、卡特拉克（Katrak，1997）对印度的检验，发现技术贸易有正的溢出效应。李小平（2007）研究了自主 R&D、技术引进与生产率增长的关系，发现 R&D 产出回报率为负值，技术引进只对技术进步有促进作用，自主 R&D 和国内技术购买的生产回报率较差。

金（Kim，1997）认为，FDI 引进的技术对东道国来说就是一个"黑箱"，技术溢出效应非常有限，而技术转让是打开黑箱的有效方式。邓宁（1981）折中"三优势"理论中的内部优势理论是研究跨国公司进行技术许可与 FDI 选择的主要出发点。萨吉（Saggi，1996）研究了东道国内存在非对称的双寡头厂商时跨国公司如何在 FDI 与技术转让间权衡，研究发现：如果跨国公司能够阻止被授权企业使用转让技术与之在其他市场上竞争，则选择技术转让方式，否则则比较被转让地区与世界其他地区潜在利润的大小而决定使用 FDI 方式，还是技术转让方式。萨吉（1999）建立的双寡头跨国公司动态技术转移方式模型显示，跨国公司的均衡技术转移方式与东道国最优转移方式是相冲突的。达斯（1999）研究了存在东道国政策干预时跨国公司对选择 FDI 和技术转让方式的权衡，研究发现：如果不存在东道国的政策干预，则技术转让方式是严格的劣势策略，但如果存在政策干预的可能，技术转让就会成为优势策略。国内关于 FDI 与技术转让方式比较的理论比较少，王子君等（2002）的研究表明，FDI 为发展中国家带来的溢出效应比较小，但在没有政策干预时企业更倾向于 FDI。邢斐等（2009）建立双寡头模型分析技术引进对自主研发的影响，他们具体分析了国外垄断厂商选择 FDI 方式或技术许可方式的条件，但不管何种方式技术引进对国内垄断厂商自主研发的总影响都是不确定的。胡等（Hu et al.，2005）通过对中国的研究发现，自主研发增强了技术购买的溢出效应，技术购买和自主研发间有互补关系，FDI 没有促进中国技术的进步。朱平芳等（2006）研究了 FDI 与技术转让的直接效应，发现技术转让对国有企业的效果十分显著，而对其他企业的效果则不明显。陈宇等（2008）的研究表明技术购买对内资部门的技术进步与生产率提高有促进作用，FDI 则抑制了内资部门的自主创新。

关于技术引进对自主创新、生产率及社会福利的综合影响，国内有大量的文献。金雪军等（2006）的研究表明，中国技术引进与 R&D 投入之间的比例不合理，表现为重引进，轻研发，需要加大 R&D 投入，增强经济发展后劲。李光泗等（2007）研究了二次创新的内生决定问题，分别研究了技术引进选择、市场结构、研发效率三个因素对二次创新努力的影响，结果表明，技术引进选择、市场结构的影响都是不确定的，而研发效率与二次创新努力则是正相关的。孙文杰等（2007）使用分位数回归的方法研究 FDI 对中国企业自主创新的影响，研究表明：总体而言技术引进对自主创新有促进作用，只是有的行业大一点，有的行业小一点。吴延兵（2008）运用 1996 ~ 2003 年中国地区工业面板数据研究了自主研发、国外技术引进和国内技术引进对生产率的影响，研究发现：国外技术引进和自主研发对生产率有显著地促进作用，但国内技术引进对生产率没有显著影响，同时发现国外技术引进和自主研发的作用存在地区差异，自主研发只对东中部地区有促进作用，国外技术引进只对西部地区有促进作用。谢申祥等（2009）建立一个双寡头古诺竞争模型分析技术引进和自主研发对本国福利的影响，研究表明：当本国企业的研发水平高时，自主研发更有利于本国福利水平的提高；当本国研发水平低时，则技术引进对本国福利水平提高的幅度更大。柯忠义（2009）使用中国 17 个高新技术产业 1995 ~ 2005 年的面板数据，检验出技术引进和国内 R&D 投入之间存在一个良性互动关系。卞雅菊（2009）使用 1991 ~ 2006 中国大中型工业企业的数据，运用单位根检验、因果关系检验、协整分析多种方法进行实证研究，研究发现技术引进与自主 R&D 之间确实存在长期均衡关系，但没有步入良性循环的轨道。孙建等（2009）实证研究表明：总体而言我国工业企业自主创新与技术引进之间具有较弱的互补关系，在大中型企业、高新技术企业以及国有控股工业企业中互补关系较强，而低技术企业中在呈现替代关系。金雪军等（2009）的研究表明：从总量上看 R&D 投入促进了技术引进，但技术引进没有促进 R&D 投入的增加，二者之间存在长期稳定关系；从结构上看，不同行业技术引进对 R&D 投入的影响是不同的。王青等（2010）比较了自主创新与技术引进对我国技术创新的影响，比较后发现：总体上讲，自主创新和技术引进都促进了技术创新，但仍以技术引进为主，自主创新作用不显著；而在省级层面上，东部地区自主创新对技术创新的贡献大，中部地区技术引进贡献大，西部地区两者作用都不明显。

三、基准模型

本模型的建立主要有三个思想来源：第一，斯科特和萨顿（1982）提出的产品差异可以降低企业间的价格竞争；第二，萨顿（1998）的产品间不完全替代消费者效用函数形式为本文提供了模型基础；第三，达斯古普塔和斯蒂格利茨（Dasgupta and Stiglitz，1980）对市场竞争形式的研究为本文的企业行为模式提供了依据。本书正是在这三个思想基础上建立模型分析的，其模型的结构如下。

假设行业内有 n 个企业，且各个企业初始的边际成本相同，固定成本为 0。企业投入工艺创新的 R&D 后，其边际成本会降低，其新的边际成本为：

$$c_i = c_0 (x_i + 1)^{\alpha} \tag{6-1}$$

其中，c_0 为创新前的产品边际成本；x_i 是企业 i 的 R&D 的投入量，该 R&D 是专门用于过程创新的；$\alpha < 0$，是企业过程创新研发能力的一个测度，α 越小，研发能力越高；当 $x_i = 0$ 时，产品边际成本为 c_0，当 $x_i \to +\infty$ 时，$c_i \to 0$。

该行业内 n 个企业生产的是有差异的产品，单个消费者的效用函数采用萨顿（1998）的形式：

$$U(q_1, q_2 \ldots q_n; M) = \sum_{i=1}^{n} (q_i - q_i^2) - 2\sigma \sum_i \sum_{j<i} q_i q_j + M \tag{6-2}$$

该效用形式以及其变种也被其他多名经济学家采用，如舒伦和莱维坦（Shubik and Levitan，1980），德尼克和戴维森（Deneckere and Davidson，1985），舒伦和莱维坦（1990），以及林和萨吉（2002）。其中 q_i 是消费者对产品 i 的消费量；$0 \leq \sigma \leq 1$，测度的是各产品间的替代程度，如果 $\sigma = 0$，则效用函数中产品间的交叉项消失，表明各产品完全无关，即替代度为 0，如果 $\sigma = 1$，则各产品完全同质，具有完全替代性；M 是其他产品的消费量。根据式（6-2）的效用函数，可以得出单个消费者产品 i 的需求函数为：

$$p_i = 1 - 2q_i - 2\sigma \sum_{j \neq i} q_j \tag{6-3}$$

式（6-3）是单个消费者的需求函数，若整个市场有 s 个消费者，则当产品 i 的价格为 p_i 时，其市场总需求为 sq_i。

企业的行为分为两步：第一步是成本竞争，即 R&D 竞争，各个企业通过选择 R&D 投入量进而选择一个最优的边际成本；第二步是产品市场竞争，为方便分析，此处假设企业采取 Cournot 竞争形式，即各企业选择最优产量以最大化各自的利润。根据动态博弈的逆向归纳法，可以求得该博弈的纳什均衡。首先是产品市场的均衡，当企业经过创新后，其利润函数（未除去创新成本）为：

$$\pi_i = s(p_i - c_i)q_i \tag{6-4}$$

将式（6-3）代入式（6-4）可得 Cournot 均衡的一阶条件为：

$$1 - 4q_i - 2\sigma \sum_{j \neq i} q_j - c_i = 0 \tag{6-5}$$

n 个企业的一阶条件联立，可得均衡时企业 i 的产量为：

$$sq_i = s\frac{[4 + 2\sigma(n-1)](1-c_i) - 2\sigma(n - \sum_{i=1}^{n} c_i)}{(4-2\sigma)[4 + 2\sigma(n-1)]} \tag{6-6}$$

因而，产品市场均衡时企业 i 的利润（未除去创新成本）为：

$$\pi_i = 2sq_i^2 = 2s\left\{\frac{[4 + 2\sigma(n-1)](1-c_i) - 2\sigma(n - \sum_{i=1}^{n} c_i)}{(4-2\sigma)[4 + 2\sigma(n-1)]}\right\}^2 \tag{6-7}$$

式（6-7）是企业产品市场均衡时的利润情况，逆推到企业行动的第一步 R&D 竞争，则是在此利润形式下优化企业的 R&D 投入，最大化其利润，考虑到企业的 R&D 成本，以及企业的边际成本函数，则企业的最终利润函数为：

$$\pi_i = 2s\left\{\frac{[4 + 2\sigma(n-1)][1 - c_0(x_i+1)^\alpha] - 2\sigma[n - \sum_{i=1}^{n} c_0(x_i+1)^\alpha]}{(4-2\sigma)[4 + 2\sigma(n-1)]}\right\}^2 - x_i \tag{6-8}$$

优化其 R&D 投入量，一阶条件为：

$$4s\frac{[4 + 2\sigma(n-1)][1 - c_0(x_i+1)^\alpha] - 2\sigma[n - \sum_{i=1}^{n} c_0(x_i+1)^\alpha]}{(4-2\sigma)[4 + 2\sigma(n-1)]} \times$$

$$\frac{[-4 - 2\sigma(n-2)]c_0\alpha(x_i+1)^{\alpha-1}}{(4-2\sigma)[4 + 2\sigma(n-1)]} = 1 \tag{6-9}$$

n 个企业的一阶条件联立，可得纳什均衡时企业 i 的 R&D 需满足的条件为：

$$4s \frac{c_0 \alpha [4 + 2\sigma(n-2)][1 - c_0(x_i+1)^\alpha](x_i+1)^{\alpha-1}}{(4-2\sigma)[4+2\sigma(n-1)]^2} + 1 = 0 \qquad (6-10)$$

四、"生产效应""学习效应"与模型拓展

第三部分的均衡实质上是封闭条件下的均衡，即不存在产品以及技术的国际贸易。而本部分则要放宽这一条件，为简化分析，这里的唯一变化是期初国内有一家企业——企业 i，以一次性支付价格 F 引进了一套国际先进技术设备，其他条件与第三部分相同。引进的技术仅仅是一套先进的工艺设备，即该技术可以降低企业 i 的生产成本，而产品本身不发生变化。技术的引进对企业 i 产生两方面的影响：第一，该技术可以直接降低企业 i 产品的边际成本，使其由 c_0 下降为 $c_0 - \Delta c$，由于这一影响直接表现在生产上，可称之为"生产效应"；第二，企业 i 通过对先进技术的学习，可以提高其后续的研发效率，使其研发的效率指数由 α 提高到 $\alpha + \Delta \alpha$，由于这一效应是通过学习获得的，可称之为"学习效应"。这样技术引进后企业 i 的边际成本与其 R&D 投入的关系为：

$$c_i = (c_0 - \Delta c)(x_i + 1)^{\alpha + \Delta \alpha} \qquad (6-11)$$

其中，$\Delta c > 0$，测度企业 i 生产技术的提高程度；$\Delta \alpha < 0$，测度企业 i 研发能力提高的程度。由于先进的工艺设备被企业 i 独占，因而其他剩余企业无法得到先进技术带来的"生产效应"，此处暂且假设"学习效应"对剩余企业也没有影响，那么，剩余企业的边际成本仍为：

$$c_j = c_0(x_j + 1)^\alpha, \quad j \neq i \qquad (6-12)$$

技术引进后，国内企业的行为模式与前面基本相同，仍是两阶段动态博弈：第一阶段进行研发竞争，各自选择其最优的 R&D 投入量；第二阶段进行产品市场竞争，这里我们仍采取 Cournot 竞争的形式。技术的引进对消费者没有直接影响，因此消费者效用函数不变，进而需求函数就不变，从而企业产品市场竞争的行为方程与封闭条件下的式（6-7）相同。而到第一阶

段的研发竞争时，企业 i 的总利润就变为：

$$\pi_i = 2s\left\{\frac{[4+2\sigma(n-1)][1-(c_0-\Delta c)(x_i+1)^{\alpha+\Delta\alpha}]-2\sigma[n-(c_0-\Delta c)(x_i+1)^{\alpha+\Delta\alpha}-\sum_{j\neq i}c_0(x_j+1)^{\alpha}]}{(4-2\sigma)[4+2\sigma(n-1)]}\right\}^2 - x_i - F$$

$$(6-13)$$

优化其 R&D 的一阶条件为：

$$4s\frac{[4+2\sigma(n-1)][1-(c_0-\Delta c)(x_i+1)^{\alpha+\Delta\alpha}]-2\sigma[n-(c_0-\Delta c)(x_i+1)^{\alpha+\Delta\alpha}-\sum_{j\neq i}c_0(x_j+1)^{\alpha}]}{(4-2\sigma)[4+2\sigma(n-1)]}\times$$
$$\frac{[-4-2\sigma(n-2)](c_0-\Delta c)(\alpha+\Delta\alpha)(x_i+1)^{\alpha+\Delta\alpha-1}}{(4-2\sigma)[4+2\sigma(n-1)]}=1 \quad (6-14)$$

企业 $j(j\neq i)$ 的总利润函数为：

$$\pi_j = 2s\left\{\frac{[4+2\sigma(n-1)][1-c_0(x_j+1)^{\alpha}]-2\sigma[n-(c_0-\Delta c)(x_i+1)^{\alpha+\Delta\alpha}-\sum_{j\neq i}c_0(x_j+1)^{\alpha}]}{(4-2\sigma)[4+2\sigma(n-1)]}\right\}^2 - x_j$$

$$(6-15)$$

优化其 R&D 的一阶条件为：

$$4s\frac{[4+2\sigma(n-1)][1-c_0(x_j+1)^{\alpha}]-2\sigma[n-(c_0-\Delta c)(x_i+1)^{\alpha+\Delta\alpha}-\sum_{j\neq i}c_0(x_j+1)^{\alpha}]}{(4-2\sigma)[4+2\sigma(n-1)]}\times$$
$$\frac{[-4-2\sigma(n-2)]c_0(\alpha)(x_j+1)^{\alpha-1}}{(4-2\sigma)[4+2\sigma(n-1)]}=1 \qquad (6-16)$$

n 个企业的一阶条件联立，可得纳什均衡时各个企业的 R&D 投入量，从均衡结果上看，企业 $j(j\neq i)$ 的 R&D 是对称的，而技术引进企业 i 的 R&D 则与其他企业不同，由于模型过于复杂，无法给出 R&D 均衡时的显式解，只能以方程组的形式给出，均衡时，企业 i 和企业 $j(j\neq i)$ 应满足的条件为：

$$4s\frac{[4+2\sigma(n-1)][1-(c_0-\Delta c)(x_i+1)^{\alpha+\Delta\alpha}]-2\sigma[n-(c_0-\Delta c)(x_i+1)^{\alpha+\Delta\alpha}-(n-1)c_0(x_j+1)^{\alpha}]}{(4-2\sigma)[4+2\sigma(n-1)]}\times$$
$$\frac{[-4-2\sigma(n-2)](c_0-\Delta c)(\alpha+\Delta\alpha)(x_i+1)^{\alpha+\Delta\alpha-1}}{(4-2\sigma)[4+2\sigma(n-1)]}=1 \quad (6-17)$$

$$[4+2\sigma(n-1)][1-c_0(x_j+1)^{\alpha}]-$$

$$4s\frac{2\sigma[n-(c_0-\Delta c)(x_i+1)^{\alpha+\Delta\alpha}-c_0(n-1)(x_j+1)^{\alpha}]}{(4-2\sigma)[4+2\sigma(n-1)]}\times$$

$$\frac{[-4-2\sigma(n-2)]c_0\alpha(x_j+1)^{\alpha-1}}{(4-2\sigma)[4+2\sigma(n-1)]}=1 \qquad (6-18)$$

五、均衡比较分析

第三部分得出了封闭条件下企业 R&D 投入与市场结构的关系，把所有企业的 R&D 加总就可得到行业的 R&D 与市场结构的关系；本书的第四部分用同样的方法得出了附加技术引进时的均衡，在附加技术引进时企业 R&D 与市场结构的关系就分为两类：一类是没有进行技术引进的企业 R&D 与市场结构的关系；另一类是技术引进企业的 R&D 与市场结构的关系，将全部两类企业 R&D 加总就可得到行业 R&D 与市场结构的关系。从均衡结果上看，企业或行业 R&D 与市场结构的关系还受到许多参数的影响，主要有以下六种：即市场规模（s）、产品差异度（σ）、企业产品初始边际成本（c_0）、技术引进的"生产效应"（Δc）、企业的初始研发能力（α）、技术引进的"学习效应"（$\Delta\alpha$）。均衡分析的主要任务就是分析这些参数对企业以及行业 R&D 的影响，在分析之前首先要界定清楚几个概念——三类企业和两类行业。其中三类企业分别为：一是封闭条件下，即不存在技术引进时的企业，这在当前的现实中基本上是不存在的，这里只是作为研究的一个基准，以便于比较技术引进的影响，因此称之为"基准企业"，我们可以以"基准"的英文首字母表示，称之为"B 型企业"；二是开放条件下直接进行技术引进的企业，该企业可以获得"生产效益""学习效益"，由于其直接受技术引进的影响，可称之为"D 型企业"；三是开放条件下没有进行技术引进的企业，由于这些企业要受到技术引进企业的影响，即其间接地受到技术引进的影响，可称之为"I 型企业"。两类行业分别为：一是不存在技术引进时的行业，称之为"B 行业"；二是存在技术引进的行业，由于存在技术引进时的行业 R&D 存在，或者说较多的在进行对引进技术的消化吸收，再创新，因此称之为"R 行业"。由于模型的复杂性,很难用微分的方法直接分析各参数变化对企业或行业 R&D 的影响,因此这里使用 Matlab 软件对之进行数值计算,然后再根据计算的结果进行分析[①]。图 6 - 1 所示的"企业、行业 R&D 与市场结构关系总体态势"就是用这种方法绘制的,其中各参数取值分别为: $s = 500$, $\sigma = 0.5$, $c_0 = 0.5$, $\Delta c = 0.2$, $\alpha = -1$, $\Delta \alpha = -1$ 。图 6 - 1 共分四个子图,其中子图 I 描绘的是"D 型企业"的 R&D 投入量与市场结构的关系,从图形上看,该企业的 R&D 投入量随着市场竞争的增强先下降,再上升,而且下降期的速度要快于上升期的速度,其整体上呈现为向右倾斜的"V"型结构;子图 II 描绘的是"I 型企业"的 R&D 投入量与市场结构的关系,子图 III 描绘的是"B 型企业"的 R&D 投入量与市场结构的关系,从图形上看,这两条曲线十分相似,都是一条凸向原点的下降曲线,即企业 R&D 投入量随着市场竞争的增强迅速下降;子图 IV 中有两条曲线,T1 描绘的是"B 行业"的 R&D 与市场结构的关系,T2 代表的则是"R 行业"的 R&D 与市场结构的关系,这两条曲线也十分相似,都呈现为倒"U"型结构,即两类行业的 R&D 投入量随着市场竞争的增强都是先上升,后下降,存在一种市场结构使全行业的 R&D 投入量达到最大值。

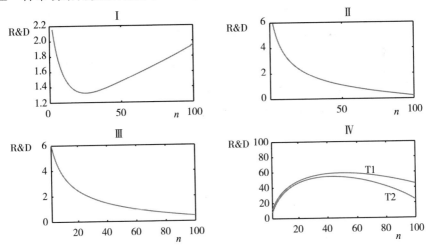

图 6 - 1 企业、行业 R&D 与市场结构关系总体态势

---

① 为节省篇幅,这里略去数值计算的原始数据,但后面的分析全部是基于这些数据进行的。

图6-1只是对两种市场条件下的均衡的粗糙描述，不能反映均衡的全貌，要想全面理解这两类均衡，就要对其进行参数分析，这就是下面要做的工作，其基本思路是，按参数数量分六部分分析，在每一部分首先分析参数变化对三类企业R&D，以及三类企业间的关系的影响，最后分析参数变化对两类行业R&D，以及两类行业间关系的影响。

（一）市场规模（s）分析

首先分析市场规模的变化对"D型企业"与"Ⅰ型企业"R&D以及二者关系的影响。在图6-2中h1、h2、h3三条曲线描绘的是"Ⅰ型企业"R&D随市场中企业数量增加的变化情况，相应的市场规模分别为$s_1 = 700$，$s_2 = 500$，$s_3 = 300$；k1、k2、k3对应的则是"D型企业"的R&D变化情况，市场规模与上面的相同，其他参数取值分别为：$\sigma = 0.5$，$c_0 = 0.5$，$\Delta c = 0.2$，$\alpha = -1$，$\Delta\alpha = -1$。从图形中可以观察到，无论是"D型企业"，还是"Ⅰ型企业"，其R&D投入量都是随着市场规模的扩大而增加的；对任意的市场规模，在较高的垄断程度时，"D型企业"的R&D投入量低于"Ⅰ型企业"的R&D投入量，然而，由于"D型企业"的R&D与市场结构的关系是一个右倾的"V"型，而"Ⅰ型企业"的R&D则随着竞争的增强单调下降，因此随着竞争的增强，"D型企业"的R&D投入量会超越"Ⅰ型企业"；"D型企业"R&D投入量超越"Ⅰ型企业"的临界点随着市场规模的扩大而右移，即市场规模越大，超越时要求的竞争程度越高。

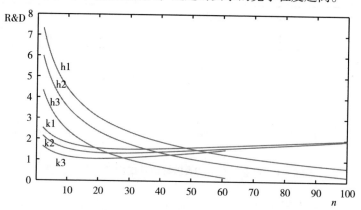

图6-2　市场规模对"D型企业"与"Ⅰ型企业"R&D的影响

接下来分析市场规模对"Ⅰ型企业"与"B型企业"R&D，以及二者之间关系的影响。图6-3就是对这一问题的描绘，其中子图Ⅰ、子图Ⅱ描绘的分别是"Ⅰ型企业"与"B型企业"R&D与市场结构的关系，曲线1~3对应的市场规模分别为：$s_1 = 700$，$s_2 = 500$，$s_3 = 300$，其他参数与图6-2相同。从中容易看出两类企业的R&D投入量与市场规模都是正相关的。子图Ⅲ描绘的是"B型企业"与"Ⅰ型企业"在相应的市场规模R&D之差，这是一个绝对量，子图Ⅳ则是一个相对量，无论从绝对量上看，还是从相对量上看，两类企业R&D投入量的差距与市场规模的关系都是负相关，与市场竞争的关系都是正相关。

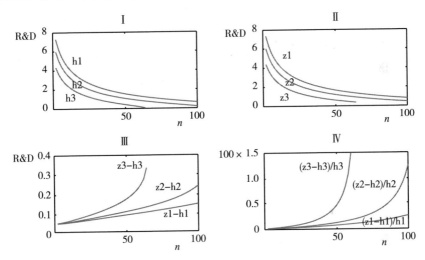

图6-3　市场规模对"Ⅰ型企业"与"B型企业"R&D的影响

最后分析市场规模对"R行业"与"B行业"R&D，以及二者关系的影响。

图6-4描绘的是市场规模对两类行业R&D的影响，参数的取值与图6-2和图6-3相同，其中曲线族R对应的是"R行业"的R&D，曲线族T对应的则是"B行业"的R&D。从子图Ⅰ和子图Ⅱ中可以观察到，两类行业的R&D投入总量总体呈倒"U"型结构，即对任意的市场规模，存在一个竞争程度使得行业的R&D投入量达到最大，而且这一最值点随着市场规模的扩大而向右上角移动，即随着市场规模的扩大，最值变大，达到最值点所要求的竞争程度增强。子图Ⅲ和子图Ⅳ是对两类行业R&D投

入量差距的描绘，其中子图Ⅲ是绝对量，子图Ⅳ是相对量。从中可以观察到，对任意的市场规模，两类行业的 R&D 差距与市场结构的关系呈现为一条开口向上的抛物线，并且抛物线是右偏的，即对任意的市场规模，随着市场竞争的增强，行业 R&D 投资总量先下降，再上升，存在一个最小值，而这一最小值与市场规模是正相关的；市场规模对行业差距的影响是非单调的，从子图Ⅲ或子图Ⅳ中可以看出，对任意两个市场规模，在垄断程度较高时，市场规模越小，行业 R&D 差距越小，但是随着市场竞争的增强，小市场规模的行业 R&D 差距最终会超越大市场规模的行业 R&D。

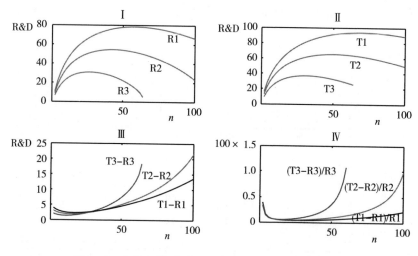

图 6-4　市场规模对"R 行业"与"B 行业"的影响

综合市场规模对三类企业的 R&D 投入量、两类行业 R&D 以及企业间关系，行业间关系的分析，可以得到下面命题 1。

命题 1：给定其他条件，市场规模与"D 型企业""I 型企业""B 型企业""B 型行业""R 型行业"的 R&D 投入正相关；"D 型企业" R&D 投入量超越"B 型企业"所要求的市场竞争程度与市场规模正相关；"I 型企业"的 R&D 投入和"B 型企业" R&D 投入的差距与市场规模负相关；"B 行业" R&D 投入量和"R 行业" R&D 投入量的相对差距与市场规模负相关。

（二）产品差异度（σ）分析

首先分析产品差异度对"D 型企业"与"I 型企业" R&D 投入的影

响。图 6 – 5 子图 I 描绘的就是"D 型企业"R&D 与市场结构的关系，k1、k2 和 k3 对应的产品差异度分别为：$\sigma_1 = 0.1$，$\sigma_2 = 0.5$，$\sigma_3 = 0.9$，其他参数取值分别为：$s = 500$，$c_0 = 0.5$，$\Delta c = 0.2$，$\alpha = -1$，$\Delta\alpha = -1$。从子图 I 中可以观察到，产品差异度对"D 型企业"R&D 的影响是非单调的，对任意两个差异度，存在一个临界的市场竞争程度，当市场竞争低于这一临界值时，较低的产品差异度会导致"D 型企业"较高的 R&D 投资，当市场竞争程度超过这一临界值时，情况则相反；"D 型企业"R&D 投入与市场竞争的关系依然是右倾的"V"型，其极小值与产品差异度正相关。子图 II 描绘的是"D 型企业"R&D 与"I 型企业"R&D 投入的关系，曲线族 k 对应的是"D 型企业"，曲线族 h 是相应的"I 型企业"，参数的取值与子图 I 相同。从中可以看出，"I 型企业"R&D 投入与产品差异度正相关，产品差异度越高，"D 型企业"R&D 投入量超越"I 型企业"所要求的市场竞争程度越低。

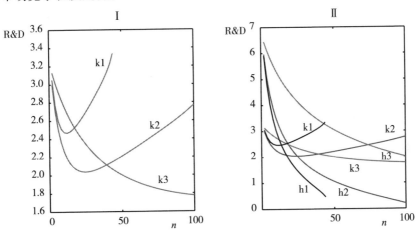

图 6 – 5　产品差异度对"D 型企业"与"I 型企业"的影响

图 6 – 6 描绘的是产品差异度对"I 型企业"与"B 型企业"R&D 投入以及二者之间关系的影响，子图 I 是"I 型企业"，子图 II 是"B 型企业"，子图 III 和子图 IV 是二者差距的绝对量和相对量，其中 h1 ~ h3 对应的产品差异度分别是：$\sigma_1 = 0.1$，$\sigma_2 = 0.5$，$\sigma_3 = 0.9$，其他参数与图 6 – 5 相同，由子图 I、子图 II、子图 III 和子图 IV 可以看出，"I 型企业"和"B 型企业"R&D 投入量与产品差异度正相关，且随着市场竞争的增强而下降；

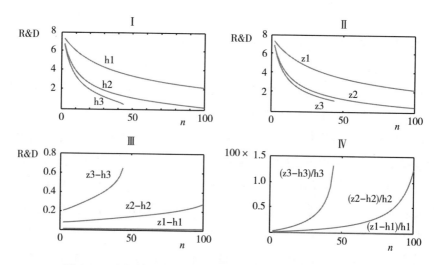

图6-6 产品差异度对"Ⅰ型企业"与"B型企业"的影响

二者之间的差距与产品差异度负相关，且差距随着市场竞争的增强而扩大。

图6-7描绘的是产品差异度对"R行业"和"B行业"R&D及二者间关系的影响，子图Ⅰ对应的"R行业"，子图Ⅱ对应的是"B行业"，子图Ⅲ和子图Ⅳ是二者间差距的绝对量和相对量，参数的取值与图6-6相同。从子图Ⅰ和子图Ⅱ中可以看出，"R行业"与"B行业"R&D投入量与产品差异度正相关，且随着市场竞争的增强行业R&D投入先上升，后

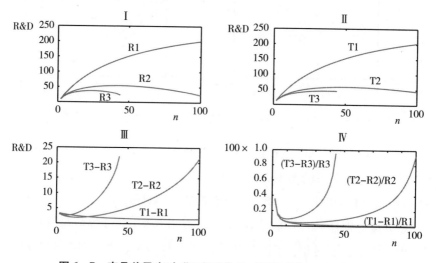

图6-7 产品差异度对"R行业"和"B行业"R&D的影响

下降，呈倒"U"型结构；从子图Ⅲ和子图Ⅳ中可以看出，两类行业 R&D 投入量差距的绝对量与产品差异度间的关系是非单调的，而相对量与产品差异度间则是负相关关系，且与市场竞争的关系为开口向上的抛物线，即其他参数给定时，存在一个市场竞争程度，时两类行业 R&D 的相对差距最小。

综合产品差异度对三类企业，两类行业及相互间关系的影响，可以得到命题2。

命题 2：给定其他条件，产品差异度与"D 型企业""Ⅰ型企业""B型企业""R 行业""B 行业"的 R&D 投入正相关；"D 型企业"R&D 投入量超越"Ⅰ型企业"所要求的市场竞争程度与产品差异度负相关；"Ⅰ型企业"的 R&D 投入和"B 型企业"R&D 投入的差距与产品差异度负相关；"B 行业"R&D 投入量和"R 行业"R&D 投入量的相对差距与产品差异度负相关。

（三）产品初始边际成本（c_0）分析

图 6-8 描绘的是产品初始成本的变化对"D 型企业"与"Ⅰ型企业"R&D 以及二者之间关系的影响，h1、h2、h3 对应的是"Ⅰ型企业"，k1、k2、k3 对应的是"D 型企业"，它们对应的产品初始成本分别为 $c_{01}=0.7$，$c_{02}=0.5$，$c_{03}=0.3$，其他参数取值为：$s=500$，$\sigma=0.5$，$\Delta c=0.2$，$\alpha=-1$，$\Delta\alpha=-1$。从图 6-9 中可以看出，"D 型企业"与"Ⅰ型企业"R&D 投入

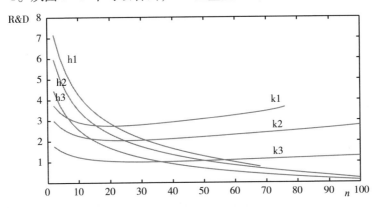

图 6-8　产品初始成本对"D 型企业"与"Ⅰ型企业"的影响

量与产品初始成本都是正相关;"D型企业"R&D超越"Ⅰ型企业"R&D投入量所要求的产品市场竞争程度与产品初始成本负相关。

图6-9描绘的是产品初始成本对"Ⅰ型企业"与"B型企业"R&D及二者关系的影响,各参数的取值与图6-8相同,子图Ⅰ、子图Ⅱ对应的分别是"Ⅰ型企业"和"B型企业",子图Ⅲ、子图Ⅳ对应的是二者差距的绝对量和相对量。从图中可以看出,"Ⅰ型企业"与"B型企业"的R&D投入量与产品初始成本正相关,且随着市场竞争程度的提高而减小;二者之间的差距与产品初始成本正相关,且随着市场竞争程度的提高而扩大。

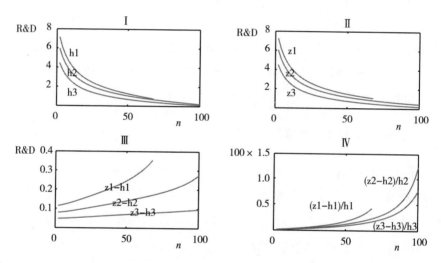

图6-9 产品初始成本对"Ⅰ型企业"与"B型企业"的影响

图6-10描绘的是产品初始正本对"R行业"与"B行业"R&D以及二者之间关系的影响,各参数的取值与图6-8相同,子图Ⅰ、子图Ⅱ对应的是"R行业"和"B行业"R&D投入,子图Ⅲ、子图Ⅳ对应的是二者之间差距的绝对量和相对量。从图6-10中可以看出,"R行业"与"B行业"R&D投入量与产品初始成本正相关,且随着市场竞争的增强,两行业R&D投入量都是先上升,后下降,呈倒"U"型;二者之间的差距与产品初始成本正相关,且随着市场竞争的增强先下降,后上升。

综合上述产品初始成本对三类企业、两类行业R&D投入及相互间关系的影响,可得命题3。

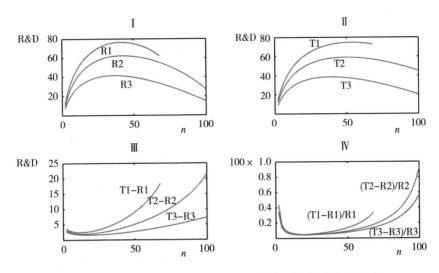

图 6 - 10   产品初始成本对"R 新行业"与"B 行业"的影响

命题 3：给定其他条件，产品初始成本与"D 型企业""Ⅰ 型企业""B 型企业""R 行业""B 行业"的 R&D 投入正相关；"D 型企业"R&D 投入量超越"B 型企业"所要求的市场竞争程度与产品初始成本负相关；"Ⅰ 型企业"的 R&D 投入和"B 企业"R&D 投入的差距与产品初始成本正相关；"B 行业"R&D 投入量和"R 行业"R&D 投入量的相对差距与产品差异度正相关。

（四）技术引进的"生产效应"（Δc）分析

图 6 - 11 描绘的是技术引进的"生产效应"对企业与行业 R&D，以及它们相互间关系影响的总图，共有三个子图，曲线 k1、k2、k3 对应的生产效应分别为：$\Delta c_1 = 0.1$，$\Delta c_2 = 0.2$，$\Delta c_3 = 0.4$，其他参数的取值分别为：$s = 500$，$\sigma = 0.5$，$c = 0.5$，$\alpha = -1$，$\Delta \alpha = -1$，曲线族 k、h、R、T 等的含义与前面的相同。从子图 Ⅰ 中可以看出，"D 型企业"R&D 投入与技术引进的生产效应负相关，与市场竞争的关系依然是右倾的"V"型；子图 Ⅱ 描绘的是生产效应对"Ⅰ 型企业"的影响，由于生产效应对"Ⅰ 型企业"的影响不大，直接用原始数据作图，几条曲线会非常接近，无法观察其影响，所以采取了差值的办法，从中可以观察到，生产效应与"Ⅰ 型企业"R&D 投入时负相关的；子图 Ⅲ 是再创新行业和自主创新行业 R&D 投入总

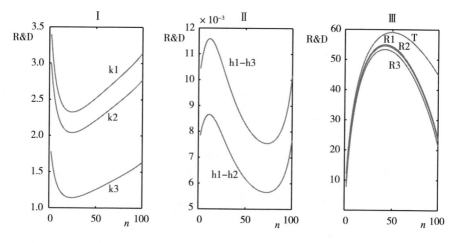

图 6 - 11　技术引进的"生产效应"影响

量图，从中可以看出，再新行业的 R&D 投入与"生产效应"负相关，且与市场竞争的关系呈倒"U"型，综上所述，可得命题 4。

命题 4：给定其他条件，技术引进的"生产效应"与"D 型企业"，"Ⅰ型企业"和"R 行业"R&D 投入负相关。

（五）企业研发能力（α）分析

图 6 - 12 描绘的是企业的研发能力对"D 型企业"与"Ⅰ型企业"R&D 及二者关系的影响，曲线族的对应关系与前面相同，曲线 1～曲线 3

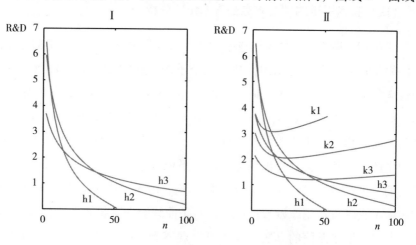

图 6 - 12　研发能力对"D 型企业"与"Ⅰ型企业"的影响

对应的研发能力分别为：$\alpha_1 = -0.5$，$\alpha_2 = -1$，$\alpha_3 = -2$，其他参数取值为：$s = 500$，$\sigma = 0.5$，$c_0 = 0.5$，$\Delta c = 0.2$，$\Delta \alpha = -1$。从子图 I 中可以看出，研发能力对"I 型企业"R&D 的影响是非单调的，对任意两个不同的研发能力，存在一个临界的市场竞争程度，当市场竞争低于这一水平时，低研发能力的"I 型企业"有较多的 R&D 投入，当市场竞争超过这一临界水平时，情况则相反，对于给定的研发能力，"I 型企业"的 R&D 投入随市场竞争的增强而减少。从子图 II 中可以看出，"D 型企业"的 R&D 投入与研发能力负相关，"D 型企业"R&D 投入超越"I 型企业"所要求的市场竞争程度与研发能力正相关。

图 6 – 13 描绘的是研发能力对"B 型企业"及两类行业 R&D 的影响，曲线族的对应关系及参数的取值与图 6 – 12 相同。研发能力对"B 型企业"R&D 的影响是非单调的，对任意两个不同的研发能力，存在一个临界的市场竞争程度，当市场竞争低于这一水平时，低研发能力的"B 型企业"有较多的 R&D 投入，当市场竞争程度超过这一临界水平时，情况则相反，对于给定的研发能力，"B 型企业"的 R&D 投入随市场竞争的增强而减少。从子图 II、子图 III 中可以看出，研发能力对两类行业 R&D 的影响是一致的，都是非单调关系，对任意两个研发水平，存在一个临界的市场竞争程度，当市场竞争低于这一水平时，低研发能力的行业有较高的 R&D 投入，当市场竞争超过这一临界水平时，情况在则相反，对于给定的

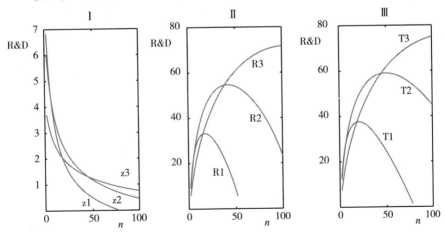

图 6 – 13 研发能力对"B 型企业"及两类行业的影响

研发能力，行业 R&D 投入随市场竞争的增强先上升，后下降，呈倒 "U" 型结构。

综上企业研发能力对企业及行业的影响，可得命题5。

命题5："D 型企业"的 R&D 投入与其研发能力负相关；研发能力对 "Ⅰ型企业" "B 型企业" "R 行业"及 "B 行业" R&D 投入的影响是非单调的。

（六）技术引进的"学习效应"（$\Delta\alpha$）分析

图 6-14 描绘的是"学习效应"对三类企业和两类行业 R&D 及相互关系的影响，曲线族的对应关系与前面相同，其中 k1、k2、k3 对应的学习效应分别为：$\Delta\alpha_1 = -0.5$，$\Delta\alpha_2 = -1$，$\Delta\alpha_3 = -2$，其他参数取值为：$s = 0.5$，$\sigma = 0.5$，$c_0 = 0.5$，$\Delta c = 0.2$，$\alpha = -1$。从子图Ⅰ可以看出，"D 型企业"的 R&D 投入与学习效应负相关；子图Ⅱ描绘的是封闭企业 R&D 与 "Ⅰ型企业" R&D 的差值。由于学习效应对 "B 型企业"没有影响，所以子图Ⅱ可以反映出两点：一是 "Ⅰ型企业" R&D 与"学习效应"负相关；二是 "B 型企业" R&D 始终高于 "Ⅰ型企业" R&D，且随着市场竞争的增强而扩大。子图Ⅲ描绘的是 "R 行业"与 "B 行业"的 R&D，从中可以看出，"R 行业"的 R&D 与"学习效应"负相关，且 "R 行业"的 R&D 始终低于 "B 行业"的 R&D 投入。由此可以得到命题6。

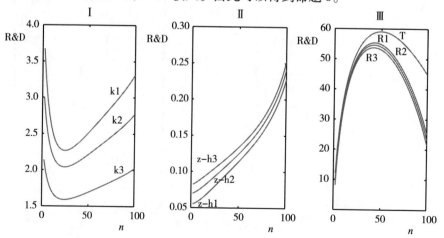

图 6-14　"学习效应"影响

命题6：给定其他参数，"D 型企业""Ⅰ型企业"及"R 行业"的 R&D 与"学习效应"负相关；"Ⅰ型企业"与"B 型企业"的 R&D 差距随着市场竞争的增强而扩大。

六、附加"扩散效应"的模型拓展

根据前面技术引进下的模型拓展其均衡分析可以得出结论：给定其他条件，只要市场竞争够强，技术引进总是可以扩大"D 型企业"的 R&D 投入；无论参数如何变化，"Ⅰ型企业"的 R&D 投入在技术引进条件下总是受到抑制，从整个行业看，技术引进也抑制了行业的 R&D 投入。然而这似乎与现实不符，技术的引进在一定条件下应该能够促进行业的创新，出现这一现象的根本原因在于技术引进后的"生产效应""学习效应"与"R 行业"R&D 都是负相关的。将模型做进一步拓展，这一问题就迎刃而解了。在现实中，技术引进后，其他剩余企业虽然无法获得直接的"生产效应"，但是通过与技术引进企业的接触，总是可以获得部分"学习效应"的，而这部分"学习效应"是通过技术引进企业获得的，可以称之为"扩散效应"，在获得扩散效应后，其他剩余企业的边际成本为：

$$c_j = c_0 (x_j + 1)^{\alpha + \Delta\beta}, \quad j \neq i \qquad (6-19)$$

其中，$\Delta\beta$ 测度的是"扩散效应"的大小，由于信息的传递随着传递链条的延长而衰减，所以理论上讲"扩散效应"不大于"学习效应"，即：$\Delta\beta \leq \Delta\alpha$。其他的条件与模型的拓展一相同，企业的行为模式也相同，这里可以直接给出其最终的均衡结构为：

$$[4 + 2\sigma(n-1)][1 - (c_0 - \Delta c)(x_i + 1)^{\alpha + \Delta\alpha}] -$$

$$4s \frac{2\sigma[n - (c_0 - \Delta c)(x_i + 1)^{\alpha + \Delta\alpha} - (n-1)c_0(x_j + 1)^{\alpha + \Delta\beta}]}{(4 - 2\sigma)[4 + 2\sigma(n-1)]} \times$$

$$\frac{[-4 - 2\sigma(n-2)](c_0 - \Delta c)(\alpha + \Delta\alpha)(x_i + 1)^{\alpha + \Delta\alpha - 1}}{(4 - 2\sigma)[4 + 2\sigma(n-1)]} = 1 \quad (6-20)$$

$$[4 + 2\sigma(n-1)][1 - c_0(x_j + 1)^{\alpha + \Delta\beta}] -$$

$$4s \frac{2\sigma[n - (c_0 - \Delta c)(x_i + 1)^{\alpha + \Delta\alpha} - c_0(n-1)(x_j + 1)^{\alpha + \Delta\beta}]}{(4 - 2\sigma)[4 + 2\sigma(n-1)]} \times$$

$$\frac{[-4-2\sigma(n-2)]c_0(\alpha+\Delta\beta)(x_j+1)^{\alpha-1}}{(4-2\sigma)[4+2\sigma(n-1)]}=1 \qquad (6-21)$$

其他参数前文已有详细的分析，此处只需分析新增的"扩散效应"，其分析方法与前面相同，具体如图 6-15 所示。

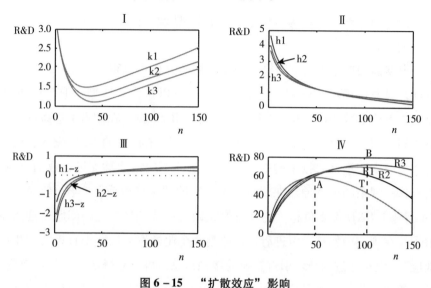

图 6-15 "扩散效应"影响

图 6-15 描绘的是"扩散效应"的影响总图曲线族的对应关系与前面的相同，其中 k1、k2、k3 对应的"扩散效应"分别是：$\Delta\beta_1=0.5$，$\Delta\beta_2=0.8$，$\Delta\beta_3=1$，其他参数分别为：$s=0.5$，$\sigma=0.5$，$c_0=0.5$，$\Delta c=0.2$，$\alpha=-1$，$\Delta\alpha=-1$。从子图 I 可以看出，"D 型企业"的 R&D 投入与"扩散效应"负相关，即"扩散效应"对"D 型企业"有抑制作用；从子图 II 可以看出，"扩散效应"对"I 型企业"的影响是非单调的，对任意两个"扩散效应"，存在一个临界的市场竞争程度，在这一临界点之前，低"扩散效应"的"I 型企业"有较高的 R&D 投入，市场竞争超过这一临界点后，情况则相反，也就是说，只要市场竞争够激烈，"扩散效应"越强，"I 型企业"R&D 投资的激励就越高。子图 III 是"I 型企业"R&D 与"B型企业"的差值，与前面所有模拟不同的是，存在一定条件使技术引进可以促进"I 型企业"的 R&D 投资。子图 IV 是"R 行业"与"B 行业"R&D 投入在不同"扩散效应"下的关系，从中可以看出，给定"扩散效应"，存在一个临界的市场竞争程度，当市场竞争大于这一临界值时，技

术引进对"R 行业"的影响由抑制转化为激励；从图中还可以看出，这一临界的市场竞争点随着"扩散效应的扩大"而右移，曲线 R3 与 T 的焦点 A 为极右点，当"扩散效应"缩小时，临界点左移，结合前面不存在"扩散效应"时"R 行业"的 R&D 始终低于"B 行业"的 R&D，因此存在一个临界的"扩散效应" $\Delta\beta_l$，当"扩散效应"低于这一临界值时，"R 行业"的 R&D 投入将无法超越"B 行业"，即技术引进对行业 R&D 投入是单调抑制的。理论上"扩散效应"小于"学习效应"，因此可以促进再创新行业 R&D 投入的"扩散效应"区间为 $[\Delta\beta_l,\Delta\alpha]$。市场竞争对"R 行业"R&D 的影响是微妙的，以曲线 R3 为例，B 点是 R3 的最高点，过点 A、B 的两条垂线将整个图形分为三个区域，A 点左侧区域是"竞争不足"区域，在此区域技术引进抑制了行业的创新；B 点右侧的区域是"过度竞争"区域，这一区域市场竞争已经超过了行业最高 R&D 投入的位置；B 点与 C 点之间的区域则是政策调控的"目标区域"。"R 行业"R&D 与市场竞争呈倒"U"型关系，且其最大值与"扩散效应"正相关。综上"扩散效应"的影响，可得命题7。

命题7：给定其他条件，"D 型企业"R&D 与"扩散效应"负相关；"扩散效应"对"I 型企业"的影响是非单调的，存在一个"扩散效应"区间，使技术引进可以促进"I 型企业""R 行业"的 R&D 投资；"R 行业"R&D 投入的最大值与"扩散效应"正相关。

七、结论及进一步的研究

通过以上部分的系统分析可知，技术引进会产生三个效应："生产效应"（Δc）、"学习效应"（$\Delta\alpha$）和"扩散效应"（$\Delta\beta$），这三个参数是影响技术引进效果的主导参数，其中"生产效应""学习效应"与"R 行业"R&D 负相关，"扩散效应"与"R 行业"R&D 正相关。而技术引进的总效应取决于这三种效应的力量对比，当"扩散效应"大于"生产效应"与"学习效应"之和时，技术引进可以促进自主创新，相反，技术引进则抑制自主创新。其他非主导参数在技术引进中的作用不一，其中产品差异度 σ 起着"防火墙"的作用，当 $\sigma=0$ 时，技术引进的作用被完全隔离，只对技术引进企业有影响，对其他企业没有任何影响，随着σ的增大，技术引进的总效应则不断增大，不论是促进还是抑制；市场规模和产品初始成本对技术引进的总效应起放大作用，研发能力的影响是非单调的，市场竞争在此起的作用则是微妙的，存在一个政策调控的"目标区域"。

本节的理论研究是对技术引进的影响只是一个初步的研究，还有许多地方需要进一步的研究：

第一，本研究的模型没有考虑不确定性，而现实的创新活动总是有不确定性的，因此，把技术引进的影响拓展到不确定领域是首先需要做的工作。

第二，在模型中，"学习效应"和"扩散效应"都是外生给定的，而现实中这两个效应的大小是由企业或社会的研发投入决定的，尤其在引进一项新技术时，企业投入多少资金进行消化吸收更是内生决定的，因此，如何将"学习效应""扩散效应"内生化也是一个重要的问题。

第三，本模型只考略了企业间 R&D 投资的竞争效应，而事实上，各企业在研发时会带来整个社会知识存量的增加，而总知识量的增加势必会提高各企业的研发效率，这就是研发的溢出效应，因此，溢出效应的考虑是另一个需要研究的方向。

第四，本模型研究的是技术引进对工艺创新的影响，而现实中纯粹的过程创新是少见的，常见的是工艺创新和产品创新交织在一起，因此，技术引进影响的完整分析应当拓展到产品创新领域。

第二节　中国高技术产业的实证检验

一、理论假设

本节要对上节的理论研究进行经验检验，使用的是中国高技术产业的数据。前面的理论研究主要是比较分析，其中心问题是技术引进，经过本国企业的消化吸收后，本国企业（行业）再创新的最优市场结构是什么？由于创新与创新投入的高度相关性，再创新的最优市场结构进而演绎为创新投入的最优市场结构。上一节的理论研究就是围绕在创新投入的最优市场结构而展开的。以此为中心比较"D型企业""I型企业""B型企业"间的创新投入情况，还比较了"B行业"和"R行业"的创新投入的投入情况。继而分析了市场规模、产品差异、研发能力、溢出效应等因素对企业（行业）再创新投入的影响。从现实的情况来看，自1978年中国实施改革开放以来，开放度不断提高，大多数技术上是相对落后的，因而其技术发展模式基本上就是引进消化吸收，再创新。开放条件与封闭条件下的比较只能在理论上区分，现实中很难比较。但这种理论区分并不是没有意义的，它可以帮助我们理解技术引进对国内企业行业的作用机理。从中国高技术产业的数据来看，统计出来的都是行业数据，因此我们也只能做行业的分析。

前面已经指出由于数据的可得性，以及产业的现实运行特点，我们此处只检验"R行业"创新投入的与市场结构以及其他因素的关系，因此从上节命题提出假设时也只考虑"R行业"的问题。命题1分析的市场规模影响，从中可以看出，市场规模与行业的再创新投入是正相关的，因此可以提出假设1。

假设1：行业再创新投入与市场规模正相关。

命题2研究的是产品差异度对三类企业以及两类行业创新投入的影响，由于产品差异度的数据不可得，这里不对之检验。命题3和命题4的研究实质上是同一个问题，命题3研究的是国内技术落后程度的影响，命题4研究的是引进技术先进程度的影响，两个合起来就是国内外技术差距的影响，由于技术差距不易量化，因此这里不对之检验。命题5研究的是研发能力对创新投入的影响，由命题5可知研发能力对行业的再创新投入是非单调的，但是我们可以从实际检验的结果看出市场结果所处的状态，因此我们可以得到假设2。

假设2：行业再创新投入与研发能力正相关，或负相关。

命题6研究的是"学习效应"对再创新投入的影响，学习效应实际上解释企业技术引进后消化吸收的程度，消化吸收的程度越高，企业的技术水平与世界先进水平就越接近，因而企业再创新的收益就越小，再创新的投入就会越少，基于此，可以提出假设3。

假设3：行业再创新投入与"学习效应"负相关。

命题7研究的是"扩散效应"对再创新投入的影响，"扩散效应"指的是技术由引进企业向行业内其他企业的扩散，理论上有时也称"溢出效应"，而"溢出效应"的含义更宽泛一些，"扩散效应"较多注重的是创新或技术的传播。结合命题7以及前面理论分析中图6－15可以看出，"扩散效应"对行业再创新投入的影响是非单调的，给定其他条件，当市场竞争程度比较低时，"扩散效应"小的行业有较高的再创新投入，当市场竞争比较激烈时，"扩散效应"大的行业有较高的再创新投入，综上可得假设4。

假设4：行业再创新投入与"扩散效应"正相关，或负相关。

最后是本研究的一个中心问题，行业的再创新投入与市场结构的关系如何？综合命题1到命题7，以及前面的理论分析，行业的再创新投入与市场竞争的关系呈倒"U"型结构。即当市场竞争比较弱的时候，竞争的增强会提高再创新的投入，当市场竞争已经很激烈的时候，市场竞争再增加反而会降低行业的再创新投入。基于此可得假设5。

假设5：行业再创新投入与市场竞争正相关，或负相关。

二、变量及数据的选择

首先是变量的选取，变量的选取一方面要考虑理论的合理性，另一方面要考虑数据的可得性。第一个变量是行业的再创新投入，在《中国高技术产业统计年鉴》中没有这一指标，事实上这一变量也只能再理论上被识别，对单个企业来讲，企业自己知道它的创新投入是原始创新，还是消化吸收再创新，但表现出来的都是一个创新投入，社会很难识别。在整个产业创新的投入是原始创新、集成创新与消化吸收在创新的混同体，但从中国的现状来看，消化吸收在创新的比例应该比较大。退一步讲，即使消化吸收再创新的投入不占主导地位，在短期内它的比例应该变动不大，因此可以用整个行业的创新投入来作为再创新投入的一个替代变量。这一变动在统计上可以用三个指标来表示：一是产品创新投入（新产品开发经费支出）；二是工艺创新投入（技术改造经费支出）；三是产品创新投入与工艺创新投入二者之和。在经验检验时，我们可以分别以这三个量来检验。市场规模可以用行业的销售收入来表示，研发能力用 R&D 活动人员全时当量来表示。"学习效应"在很大程度上是对引进技术的消化吸收的反应，这可以用消化吸收投入，以及消化吸收与人力资本的交叉项来衡量。"扩散效应"的大小一方面取决于引进技术的量，另一方面取决于已有的人力资本，同时考虑到我国的特殊情况，三资企业的技术一般上是从国外引进的，因而三资企业的数量也影响扩散效应的大小，在指标上我们可以用三资企业的销售收入，以及三资企业销售收入与人力资本的交叉项指标表示。指标确定后，就是数据的选择，这里使用的数据全部来自《中国高技术产业统计年鉴》，具体见表6-1。

三、经验检验

下面使用中国高技术产业的数据对前面的理论假设进行检验，计量模型为：

$$y_{it} = \alpha_{it} + x'_{it}\beta_{it} + u_{it}, i = 1,2,3,4,5, t = 1995,\cdots,2008 \qquad (6-22)$$

其中，y_{it} 是再创新投入，我们使用产品创新投入、工艺创新投入，以及创新总投入分别检验，x'_{it} 为解释变量向量，这里解释变量一个取九个，分别为：市场规模（x_1）、研发能力（x_2）、市场竞争（x_3）、消化吸收支出（x_4）、技术引进支出（x_5）、消化吸收与人力资本的乘积（x_6）、技术引进与人力资本的乘积（x_7）、三资企业产值（x_8）、三资企业销售收入与人力资本的乘积（x_9）。首先对变量的平稳性进行检验。检验结果见表6-2：

表6-2的数据平稳性检验表明各变量是不平稳的，存在单位根，但当数据一阶差分后，变量全部变为平稳的，即都是同阶（一阶）单整的，因而原始变量的回归是有效的。根据前面的论述，我们分别以产品创新、工艺创新，以及二者之和为因变量做回归，结果见表6-3、表6-4和表6-5。

表 6-1

中国高技术产业再创新投入数据

行业	年度	新产品开发经费支出（万元）	技术改造经费支出（万元）	创新总支出（万元）	R&D活动人员全时当量（人年）	全行业营业收入（亿元）	大中型企业营业收入占比（%）	技术引进经费支出（万元）	消化吸收经费支出（万元）	三资企业销售收入（亿元）
医药制造业	1995	46368	273404	319772	9528	902.67	63.4717	30092	4019	179.64
	1996	65558	187341	252899	10936	1043.34	62.04114	16842	4091	186.69
	1997	76865	202057	278922	11303	1177.58	62.50955	14250	3150	239.36
	1998	76481	214996	291477	10860	1264.1	64.5922	17849	2290	267.51
	1999	99603	177815	277418	13015	1378.96	66.800342	19778	9128	300.21
	2000	147855	286587	434442	12136	1627.48	65.684371	45121	12035	365.83
	2001	140961	342962	483923	15229	1924.39	67.749261	48870	7628	422.55
	2002	189533	610503	800036	18220	2279.98	67.082167	65838	11665	495.09
	2003	228629	469168	697797	17518	2750.73	70.675057	73772	19168	576.72
	2004	264969.8	571001.6	835971.4	13931	3033	65.272008	57499.6	23487.7	734.00
	2005	447725	441006.8	888731.8	19584	4019.8316	66.536696	35814.9	34970.9	967.03
	2006	557575.9	483437.5	1041013	25391	4718.8193	63.857103	32099.2	34895.7	1186.56
	2007	739435.1	473090.8	1212526	30778	5967.13	62.372531	30321.4	42544.3	1508.61
	2008	871913.7	513720.9	1385635	40192	7402.33	61.039294	45414.4	43133.3	1995.96
	2009	1550581	830973	2381554	70065	9087	60.391768	56446	52051	2545.90
	2010	1314022	600803	1914825	55234	11417.3	60.156079	48413	49874	3031.00
	2011	2330718	789221	3119939	93467	14484.38	62.226755	61564	51359	3551.71
	2012	3082346	1047801	4130147	106684	17337.7	63.657809	56037	54227	4056.20
	2013	3645006	1279734	4924740	123200	20484.224	63.653926	58131	63096	4538.87
	2014	4079308	1260895	5340203	133902	23350.33	65.2351	43636	79363	5052.05
	2015	4279485	1158829	5438314	128589	25729.534	66.106821	59189	33891	5219.73
	2016	4978806	934249	5913055	130570	28206.114	66.845692	46608	32582	5516.94

续表

行业	年度	新产品开发经费支出（万元）	技术改造经费支出（万元）	创新总支出（万元）	R&D活动人员全时当量（人年）	全行业营业收入（亿元）	大中型企业营业收入占比（%）	技术引进经费支出（万元）	消化吸收经费支出（万元）	三资企业销售收入（亿元）
	1995	101751	127409	229160	24769	262.49	96.636062	40106	301	15.84
	1996	115331	141039	256370	39188	293.6	86.716621	46281	145	15.43
	1997	99423	164879	264302	40748	300.16	97.541311	58131	2368	9.86
	1998	114975	131111	246086	18145	323.01	94.848457	18492	21823	20.52
	1999	123617	87361	210978	33532	323.67	94.241048	19119	10960	22.23
	2000	114280	154666	268946	30835	377.83	93.232406	29793	1943	25.10
	2001	104164	242613	346777	32096	443.6	97.806583	47001	2056	42.88
	2002	195074	264701	459775	36112	499.9	98.095619	74046	3351	28.06
	2003	198839	342101	540940	28165	547.2	98.357091	75780	1255	29.18
	2004	228990.4	289297	518287.4	24026	498.4	94.662921	33486	1584.6	52.90
航空航天器制造业	2005	301632.3	368919	670551.3	29870	781.36927	96.486716	30368.9	1437.8	76.50
	2006	349523.4	323920.1	673443.5	27374	798.87548	95.764464	36836.7	3432.3	87.27
	2007	438266	522952.4	961218.4	27182	1006.36	95.85536	21877.2	3578.2	117.38
	2008	494423	332520.2	826943.2	19346	1162.04	95.297924	7027.4	419.8	170.01
	2009	774624	414398	1189022	23265	1322.8	94.798911	27754	27592	199.90
	2010	1033408	387274	1420682	28249	1592.4	93.921125	64941	27220	242.70
	2011	1481883	397221	1879104	32329	1934.3079	94.668329	21109	5820	317.97
	2012	1674417	528710	2203127	43071	2329.9	70.852826	9693	8146	385.60
	2013	1856287	505497	2361784	47875	2853.1501	76.791575	16308	1563	488.05
	2014	2026148	712547	2738695	41043	3027.5631	88.600557	29014	3440	584.72
	2015	1772021	701523	2473544	45832	3412.5711	90.232475	13841	2731	739.06
	2016	1909535	464799	2374334	37397	3801.6668	90.687033	29697	3776	844.97

续表

行业	年度	新产品开发经费支出（万元）	技术改造经费支出（万元）	创新总支出（万元）	R&D活动人员全时当量（人年）	全行业营业收入（亿元）	大中型企业营业收入占比（%）	技术引进经费支出（万元）	消化吸收经费支出（万元）	三资企业销售收入（亿元）
电子及通信设备制造业	1995	122301	345892	468193	15398	2052.78	63.984937	200631	16481	1193.63
	1996	173135	390083	563218	27114	2255.03	64.635504	138882	11711	1379.79
	1997	233205	351915	585120	28538	2933.71	62.250188	195037	10658	1811.51
	1998	421901	265393	687294	30129	3506.62	63.21529	127826	14688	2271.89
	1999	513796	352931	866727	31740	4458.34	62.514972	131801	8700	3055.62
	2000	736736	520752	1257488	36625	5871.15	63.705577	305560	12716	4116.68
	2001	880835	492640	1373475	49250	6723.63	78.310823	536433	17776	4736.02
	2002	1010877	527807	1538684	49675	7658.67	75.528127	584786	34860	5256.80
	2003	1187605	584805	1772410	61643	9927.14	85.757227	595328	33121	6988.75
	2004	1448100.5	851233.7	2299334	60514	13819.1	85.402812	1000072.7	97302.6	10638.30
	2005	2611326.1	611918.8	3223245	95091	16646.253	86.607822	665035.4	226462.6	12914.02
	2006	3122449.3	625210	3747659	97816	21068.859	85.713268	605404	61970.8	16416.73
	2007	3928725.8	847536.5	4776262	142408	24823.58	86.45558	1044239.5	61184.1	19157.17
	2008	4865649.8	1038022.8	5903673	172230	27409.9	84.047552	718437.4	65222.1	20517.55
	2009	6159516	837769	6997285	209668	28465.5	83.384799	498436	27777	19990.20
	2010	5392710	1208715	6601425	211512	35984.4	83.703772	474667	39048	24647.30
	2011	10253240	1170804	11424044	272062	43206.344	85.713156	540321	75078	29384.55
	2012	12061842	1349974	13411816	340679	52799.1	85.040086	580945	32564	34104.20
	2013	14414560	1919548	16334108	356885	60633.885	81.098894	391741	66613	37479.44
	2014	16853109	1336232	18189341	380683	67584.208	84.41343	454401	80254	39042.28
	2015	19138167	1566882	20705049	402513	78309.933	84.475851	614364	67467	42959.62
	2016	22741770	251940	22993710	416806	87304.681	84.036287	885742	44506	42928.87

续表

行业	年度	新产品开发经费支出（万元）	技术改造经费支出（万元）	创新总支出（万元）	R&D活动人员全时当量（人年）	全行业营业收入（亿元）	大中型企业营业收入占比（%）	技术引进经费支出（万元）	消化吸收经费支出（万元）	三资企业销售收入（亿元）
电子计算机及办公设备制造业	1995	14946	16335	31281	1355	378.51	45.166574	2467	297	251.59
	1996	25549	19480	45029	4278	550.33	40.759181	5712	4194	378.10
	1997	68773	39518	108291	7660	801.29	45.492893	28788	6968	543.03
	1998	52492	38952	91444	4028	1068.43	53.997922	24007	1952	677.44
	1999	155353	35929	191282	6139	1199.2	58.29553	52744	3548	902.49
	2000	133132	28852	161984	3941	1599.12	41.074466	77839	6136	1306.00
	2001	165469	28770	194239	6683	2295.72	66.683219	117165	7625	1947.18
	2002	233161	45302	278463	6589	3441.67	67.844099	192875	1976	2976.71
	2003	379397	85706	465103	12393	6305.97	88.978857	174268	1524	5776.85
	2004	565735.8	82561.5	648297.3	13578	9192.7	92.922645	22001.5	853.7	8577.50
	2005	617787.6	53753.1	671540.7	17484	10722.152	93.584366	114664.7	8794.9	10004.11
	2006	828065.5	105150.8	933216.3	24591	12634.181	93.941964	98926.6	4453	11315.41
	2007	1013363.6	61307.7	1074671	29712	14887.28	96.083637	189915.1	18938.7	14096.30
	2008	1252080	103749.9	1355830	31052	16499.01	94.42706	26912.6	25452.6	15182.45
	2009	1363178	129874	1493052	39487	16432	95.184396	58265	4253	14847.80
	2010	1479659	201172	1680831	68509	19957.7	95.912856	36594	9264	18301.70
	2011	2203755	136317	2340072	49248	21163.534	96.365425	9976	8337	19426.20
	2012	2405466	168222	2573688	62783	22045.2	96.449567	26302	2612	20061.60
	2013	2041757	91590	2133347	59940	23214.167	95.804104	20901	3391	20883.77
	2014	2054648	95108	2149756	60181	23499.067	95.449115	6183	906	20709.08
	2015	1944643	164273	2108916	57035	19407.948	93.257852	4620	4576	15985.44
	2016	2457057	264704	2721761	49005	19760.141	92.527814	2960	6469	15895.12

续表

行业	年度	新产品开发经费支出（万元）	技术改造经费支出（万元）	创新总支出（万元）	R&D活动人员全时当量（人年）	全行业营业收入（亿元）	大中型企业营业收入占比（%）	技术引进经费支出（万元）	消化吸收经费支出（万元）	三资企业销售收入（亿元）
医疗设备及仪器仪表制造业	1995	37441	59674	97115	6788	320.67	46.250039	18299	1646	87.38
	1996	33294	46580	79874	9078	355.06	46.318932	18522	2179	84.50
	1997	48098	56758	104856	7840	405.38	46.820267	21297	9716	109.87
	1998	42520	31517	74037	7717	417.76	49.411145	13431	667	133.42
	1999	51923	38514	90437	8163	460.06	48.454549	5233	1250	150.29
	2000	45938	56621	102559	8036	558.13	46.734632	12149	854	193.20
	2001	53973	65276	119249	8313	627.97	46.092966	9996	630	226.54
	2002	61465	76020	137485	7852	734.04	42.330118	19577	535	286.65
	2003	81419	68575	149994	8128	880.48	47.698982	16217	1447	362.64
	2004	80404.5	84944.8	165349.3	8782	1303	46.29317	5534.3	1832.2	607.90
	2005	178444.8	114616.7	293061.5	11132	1752.18	51.876902	2299.7	3305.6	828.08
	2006	241920.2	181343	423263.2	13815	2363.8224	53.032555	12525.9	5290.7	1109.84
	2007	400493.4	204991	605484.4	18148	3029.75	54.917732	22615	11162	1401.54
	2008	499940.6	197986.5	697927.1	22260	3255.63	52.557262	45141.5	15935.4	1389.00
	2009	1161565	297933	1459498	46735	4259.4	50.690238	43803	12557	1557.60
	2010	849586	289378	1138964	35570	5530.9	51.982498	63195	12862	1993.70
	2011	1639803	553672	2193475	64068	6738.6379	56.291478	63527	30015	2295.34
	2012	2057875	594829	2652704	70029	7772.1	56.471224	89194	8752	2321.10
	2013	2321937	460308	2782245	82322	8863.4754	56.312441	95208	11080	2539.07
	2014	2652773	340158	2992931	85631	9906.5007	57.188719	97797	8700	2641.42
	2015	2767238	290382	3057620	83521	10471.846	56.224482	59581	4824	2599.88
	2016	3034641	261769	3296410	86292	11651.865	55.619501	66771	4876	2795.70

资料来源：《中国高技术产业统计年鉴》（2002~2017年）。

表 6-2

变量单位根检验

变量	y_1	y_2	y_3	x_1	x_2	x_3	x_4	x_5	x_6	x_7	x_8	x_9
LLC	3.42729 (0.9997)	1.68905 (0.9544)	3.25818 (0.9994)	3.10681 (0.9991)	2.16133 (0.9847)	-1.25170 (0.1053)	-1.79805 (0.0361)	-0.81431 (0.2077)	2.47239 (0.9933)	5.73598 (1.0000)	0.95309 (0.8297)	0.39651 (0.6541)
IPS	6.31151 (1.0000)	2.29052 (0.9890)	4.31884 (1.0000)	5.92528 (1.0000)	3.50127 (0.9998)	10.4393 (0.4028)	0.45478 (0.6754)	0.44501 (0.6718)	3.95545 (1.0000)	3.72677 (0.9999)	1.01689 (0.8454)	0.73719 (0.7695)
ADF-FISHER	0.07501 (1.0000)	2.39006 (0.9924)	2.15852 (0.9950)	1.93684 (0.9968)	4.64371 (0.9137)	9.84578 (0.4541)	8.82400 (0.5489)	9.63792 (0.4728)	9.54016 (0.4817)	2.89318 (0.9838)	8.79631 (0.5515)	11.2501 (0.3384)
一阶差分												
LLC	-3.24395 (0.0006)	-8.79253 (0.0000)	-6.24152 (0.0000)	-1.96187 (0.0249)	-4.28657 (0.0000)	-6.86731 (0.0000)	-6.60107 (0.0000)	-2.94398 (0.0016)	-7.11491 (0.0000)	-3.23246 (0.0006)	-5.13309 (0.0000)	-5.46449 (0.0000)
IPS	-2.00423 (0.0225)	-7.29658 (0.0000)	5.30631 (0.0000)	-0.12821 (0.0449)	-2.38427 (0.0086)	-3.01157 (0.0013)	-4.02655 (0.0000)	-1.91093 (0.0280)	-3.33924 (0.0004)	-3.86730 (0.0001)	-3.87384 (0.0086)	-4.46360 (0.0000)
ADF-FISHER	23.3504 (0.0095)	56.5094 (0.0000)	39.7259 (0.0000)	19.9884 (0.0294)	24.0152 (0.0076)	26.2215 (0.0035)	31.6289 (0.0005)	19.2370 (0.0374)	28.0198 (0.0018)	37.5102 (0.0000)	32.2087 (0.0004)	34.7058 (0.0001)

表 6 – 3　　　　　　　　　　　产品创新为因变量的回归

解释变量	固定效应模型		随机效应模型	
	回归系数	P 值	回归系数	P 值
c	64563. 16	0. 353	− 53650. 73	0. 114
x_1	116. 5544	0. 000	111. 5853	0. 000
x_2	3. 661171	0. 107	3. 510896	0. 012
x_3	− 235650. 9	0. 051	81868. 44	0. 197
x_4	− 4. 959192	0. 060	− 4. 799235	0. 093
x_5	0. 3096283	0. 213	0. 1512261	0. 557
x_6	0. 0000602	0. 007	0. 0000619	0. 010
x_7	− 4. 22e − 06	0. 079	− 2. 78e − 06	0. 278
x_8	− 68. 71639	0. 006	− 73. 20725	0. 000
x_9	0. 0004785	0. 000	0. 0004874	0. 000
R^2 组内	0. 9882		0. 9855	
Hausman（P）	chi2（2）= 16. 31　Prob > chi2 = 0. 0003			

表 6 – 4　　　　　　　　　　　工艺创新为因变量的回归

解释变量	固定效应模型		随机效应模型	
	回归系数	P 值	回归系数	P 值
c	232155. 4	0. 001	− 9631. 065	0. 778
x_1	42. 60131	0. 054	69. 47302	0. 000
x_2	1. 767214	0. 411	4. 544813	0. 001
x_3	− 269221. 7	0. 020	65782. 43	0. 302
x_4	− 1. 692668	0. 495	1. 550076	0. 589
x_5	0. 639842	0. 008	0. 5999884	0. 020
x_6	8. 46e − 06	0. 684	− 0. 000017	0. 482
x_7	− 3. 44e − 06	0. 132	− 3. 19e − 06	0. 216
x_8	− 39. 97409	0. 085	− 93. 65512	0. 000
x_9	0. 0000301	0. 789	0. 0000452	0. 725
R^2 组内	0. 7031		0. 6228	
Hausman（P）	chi2(2) = 15. 46　Prob > chi2 = 0. 0004			

表 6－5 创新投入总量为因变量的回归

解释变量	固定效应模型		随机效应模型	
	回归系数	P 值	回归系数	P 值
c	296718. 6	0. 005	－ 63281. 84	0. 194
x_1	159. 1557	0. 000	181. 0582	0. 000
x_2	5. 428387	0. 102	8. 055712	0. 000
x_3	－ 504872. 7	0. 005	147650. 9	0. 105
x_4	－ 6. 651862	0. 083	－ 3. 249159	0. 429
x_5	0. 9494704	0. 011	0. 7512147	0. 042
x_6	0. 0000687	0. 034	0. 0000449	0. 195
x_7	－ 7. 66e － 06	0. 030	－ 5. 98e － 06	0. 105
x_8	－ 108. 6905	0. 003	－ 166. 8624	0. 000
x_9	0. 0005085	0. 004	0. 0005326	0. 004
R^2组内	0. 9808		0. 9748	
Hausman（P）	chi2（2）= 20. 46　　Prob > chi2 = 0. 0000			

从上面三个回归结果的豪斯曼检验结果看，都高度支持固定效应模型，因此下面的分析是基于固定效应模型而展开的。

首先，看市场规模的影响，在三个回归中，市场规模（x_1）的系数都是高度为正的，这说明行业再创新投入与市场规模正相关，与前面的理论也是一致的。

其次，看研发能力的影响，研发能力变量（x_2）在工艺创新的回归中系数为正，但不显著，在产品创新和创新总投入的回归中系数也是为正，显著水平一个是 10. 7% ，一个是 10. 2% ，可以认为基本上是显著的，因此研发能力，或称研发人员的增加对再创新投入的效应基本上是正的。

下面一个变量是市场结构，或称市场竞争（x_3），在三个回归模型中，市场竞争变量的系数都为负，显著水平分别为：5. 1% 、2% 、0. 5% ，因而可以认为是高度显著的，由于市场竞争变量取的是大中型企业销售收入占全行业销售收入的比重，因而系数为负表明再创新投入与市场竞争正相关，根据前的倒 "U" 型理论，这表明中国高技术产业的市场竞争不足。

与 "学习效应" 相关的变量是 x_4 和 x_6，一个是行业消化吸收经费支出，一个是人力资本存量与消化吸收支出的乘积。消化吸收投入的回归系数全部为负，在工艺创新的回归中不显著，其他两个回归的显著水平分别为：6%和8.3%，在10%的水平上是显著的，因此我们基本上可以认为，在中国高技术产业中，对引进技术消化吸收的投入与再创新投入之间存在一个替代关系，即消化吸收的投入会挤占再创新的投入。而x_6的系数在工艺创新的回归中不显著，在其他两个回归中高度显著为正，而x_6是真正测度消化吸收效果的变量，其为正，表明吸收效果越好，再创新投入越多。但这与前面的理论假设略有出入，其原因在于在理论模型中"学习效应"伴随着技术引进自动生成，不需要花费成本，因而"学习效应"越大，企业越不愿意再投资于创新，而现实的情况是"学习效应"的获得是一个昂贵的学习性活动，需要花费大量的成本，因而其效应越大，企业才会投资越多。中国高技术产业的经验证明情况也确实如此。

最后，看"扩散效应"的影响，与其相关的变量有四个，分别为：技术引进支出（x_5），用来代表引进技术的量；技术引进支出与人力资本存量的乘积（x_7），用来代表技术引进的直接"扩散效应"；三资企业的产值（x_8），用来表示国外先进技术的影响力；三资企业销售收入与人力资本的乘积（x_9），用来表示从三资企业产生的"扩散效应"。技术引进支出（x_5）的回归系数在产品创新回归中不显著，在后两个回归中都显著为正，这说明引进先进的工艺设备后，国内企业会积极地对之改造，使之适合本土生产的需要。x_7的系数在三个回归中都为负，且在第一个和第三个回归中是显著的，这说明技术引进的直接"扩散效应"为负，结合前面的理论，这从另一个角度说明中国高技术产业的市场竞争不足。最后，x_8的系数为负，这表明三资企业在产品市场上与国内企业存在竞争关系，其发展会降低国内企业的利润，进而减少再创新投入；x_9的系数为正，表明三资企业通过对国内上下游企业的接触，会扩散出其先进的技术，进而促进其创新的投入。总之三资企业的影响是双向的，最终的效果要看哪一个效应更大一些。

第三节　本章小结

本章研究了企业和行业引进技术消化吸收后，再创新的最优市场结构问题，在理论部分着重研究了"D 型企业"和行业再创新投入超越封闭企业和行业的条件，其关键是看"生产效应""学习效应"和"扩散效应"力量的对比，这三个效应力量的对比关系还受市场规模、产品差异、研发能力、市场结构等因素的影响，因此理论部分是以市场结构为中心的，再创新投入影响因素的系统性分析。

　　由于数据的限制，本章实证部分主要检验了行业再创新投入和各变量的关系。结果显示中国高技术产业的再创新投入与市场规模正相关，和消化吸收投入间存在替代关系，与消化吸收的效果正相关，三资企业对行业再创新投入的影响是双向的。最后，从市场竞争和引进技术的直接"扩散效应"来看，中国高技术产业的市场竞争度都是不够的。

第七章

结论及政策建议

一、结论

何种市场结构最有利于技术创新是经济学领域长期争论的一个话题。以熊彼特（1942）为代表的一批经济学家坚持"熊彼特假说"，认为垄断更有利于技术创新；以阿罗（1962）为代表的一批学者则认为竞争更有利于创新；曼斯菲尔德（1968）等则将两者折中，认为中度的竞争更有利于创新；还有大量的学者，如谢勒（1967）、巴泽尔（1968）、达斯古普塔和斯蒂格利茨（1980）、艾恩和奥德斯（Acs and Audretsch，1987）等则在更细致的范畴内考虑这一问题，如考虑产品的需求弹性、资本的密集度、创新的风险等，但得出的结论仍然千差万别。本研究引入产品异质性这一变量，同时考虑市场规模、研发效率等因素，把相互矛盾的观点纳入一个统一的分析框架，最优的市场结构会随着这些变量的不同而从垄断到完全竞争连续的变化。

第一，对于产品创新而言，最优市场结构所要求的竞争程度与产品差异度、新产品对原产品的替代度正相关；与新产品的利润负相关。随着这几个参数的变化，产品创新的最优市场结构有一个从垄断到完全竞争连续的变化过程。在各个最优的市场结构上，企业的产品创新 R&D 投入与R&D 边际生产力、新产品利润正相关，与产品差异度、市场贴现率、新产品对原产品的替代度负相关。

第二，对于工艺创新而言，最优市场结构所要求的竞争程度与市场规模、产品差异度、产品初始边际成本、R&D 边际生产力正相关；与 R&D 溢出效应负相关，在各个最优的市场结构上，工艺创新 R&D 投入与市场规模、产品差异度、产品初始边际成本、R&D 边际生产力正相关，与 R&D 溢出效应负相关。

第三，对引进技术消化吸收的重视程度与市场竞争正相关；R&D 边际生产力相关；与国际先进技术的发展速度负相关。

第四，对于技术引进后，再创新最优市场结构所要求的竞争程度与市场规模、产品差异度、R&D 边际生产力、"扩散效应"正相关；与产品初始成本、"生产效应""学习效应"负相关。技术引进能否促进再创新主要取决于"扩散效应"与"生产效应"和"学习效应"的力量对比，当"扩散效应"力量强时，技术引进就能够促进再创新，否则，技术引进就会抑制再创新。

第五，通过各章理论研究和经验检验，从技术创新的最优市场结构来看，中国高技术产业的市场结构是竞争不足的。

二、政策建议

根据前面各项理论研究和经验分析，可以为促进中国技术创新提出以下建议：

第一，对于产品差异程度低的产业，从产品创新、工艺创新，以及消化吸收再创新的角度看，最有利于创新的市场结构都是偏向于竞争性的，如果此时的市场竞争不足，就会出现创新动力不足的局面，那么此时的产业政策应是消除行业壁垒，打破可能的垄断，鼓励竞争；如果产品差异度极低，虽然最有利于创新的市场结构是完全竞争，但即使是最优的市场结构，企业此时的创新投入也是极低的，原因在于此时的行业已处在产品生命周期的成熟阶段，全行业使用通用的技术，生产标准化的产品，产业内创新的可能性已经很小，此时若要促进产品创新，只有诉诸公共的研发机构了。对于产品差异度大的产业，适当的垄断更有利于创新，那么此时的产业政策应是扶植龙头企业，规范产业标准，清理小、乱、差的企业，以避免行业租金的耗散，从而促进创新。

第二，企业 R&D 的边际生产力不影响市场结构与产品创新的关系，但 R&D 的边际生产力越低，企业的意愿投资越少，而 R&D 的边际生产力低的创新项目多数是基础性的和根本性的创新项目，这些项目的所需的投资大、周期长，而且风险大，所以企业投资动力不足。但这些创新项目往往具有战略意义，这些创新是否能够率先成功地完成决定着一国该产业的国际竞争力，因此在政策上对于这种创新应给予财政上的支持，可以直接资助行业内的领导企业，或是推动公共研发机构开展此种创新研究。R&D 边际生产力与工艺创新、消化吸收、再创新最优市场结构所要求的竞争程度是正相关的，从这个角度看，提高一国的研发水平可以促进技术创新，一国研发水平的提高从长期看取决于其人力资本的数量和质量，这就要求国家加强对基础教育和研发的投入，大力培养高素质的人才；从短期看，可以进行制度或政策的调整，提高现有人力资本的使用效率；或者提供政策上的优惠，吸引国外的人才到国内发展，以增加国内人力资本的存量。

第三，产品创新的收益越高，市场的垄断性越强就越有利于创新，如果行业内有太多的企业，实际上会降低单个率先取得创新的可能性，这样也就会降低企业的创新激励，对这种行业应该适当的限制竞争。

第四，创新产品对原产品替代程度低的产业，行业垄断性越强越有利于创新，相反替代程度高的行业则需要较高竞争性的市场结构，难么，相关部门可以根据创新产品对原产品的替代性来适时的制定相关的产业政策，或鼓励竞争，或扶植大龙头企业。

第五，中国技术创新的路径应该是技术引进、消化吸收再创新，最后走上自主创新的道路。而技术引进能否促进再创新，以至于提高自主创新能力，关键取决于技术引进后所产生的"扩散效应"和"生产效应""学习效应"的力量对比。这两种力量的对比在本质上是一个引进技术中所包含的"技术信息"的共享问题，扩散效应强表明"技术信息"共享度高，这时技术引进就会促进再创新，提高自主创新能力，否则技术引进会抑制国内的自主创新。因此，从这个角度看，要提高我国技术自主创新能力就应该促进企业间先进技术的分享，尤其是引进的先进技术。

第六，研究表明中国高技术产业的市场结构从技术创新的角度来看是缺乏竞争的，因此，为促进高技术产业的技术创新应该消除行业壁垒，促进高技术产业内的竞争。但是这一建议也是基于高技术产业的整体研究而提出的，中国高技术产业又细分为70多个行业，具体到某一行业的政策，还需根据具体行业特征来实施。

参考文献

［1］安同良，施浩，Ludovico Alcorta. 2008：中国制造企业 R&D 行为模式的观测与实证——基于江苏省制造企业问卷调查的实证分析 ［J］．经济研究，2008（2）.

［2］安同良．企业技术能力发展论：经济转型过程中中国企业技术能力实证研究 ［M］．北京：人民出版社，2004.

［3］包群，赖明勇．FDI 技术外溢的动态测算及原因解释 ［J］．统计研究，2003（6）.

［4］毕克新，丁晓辉，冯英浚．制造业中小企业工艺创新能力测度指标体系的构建 ［J］．数量经济技术经济研究，2002（12）：104－107.

［5］毕克新，丁晓辉，张铁柱．制造业中小企业工艺创新存在的问题与发展对策 ［J］．科技进步与对策，2004（6）.

［6］毕克新，刘玉红，孙金花．制造业企业产品与工艺创新协同发展的政府行为研究 ［J］．中国科技论坛，2009（3）.

［7］毕克新，吕健．信息化条件下制造业企业工艺创新能力评价指标体系研究 ［J］．科技进步与对策，2010（3）.

［8］毕克新，孙德花．制造业企业产品创新与工艺创新协同发展博弈分析 ［J］．管理评论，2010（5）.

［9］卞雅莉．技术引进与自主 R&D 关系的实证检验——以 1991—2006 年大中型工业企业数据为例 ［J］．科技管理研究，2009（10）.

［10］陈羽，李小平，白澎．市场结构如何影响 R&D 投入？——基于中国制造业行业面板数据的实证分析 ［J］．南开经济研究，2007（1）.

［11］陈宇，卫平．国际技术扩散、自主创新与我国工业技术进步 ［J］．国际贸易问题，2008（5）.

[12] 褚东宁，刘介明. 工艺创新的两种驱动模型及其实证分析 [J]. 科技进步与对策，2005（11）.

[13] 褚东宁，袁胜金. 企业与研究机构合作工艺创新的博弈分析 [J]. 武汉理工大学学报（信息与管理工程版），2005（6）.

[14] 戴魁早. 中国自主创新与经济增长关系的实证研究——基于技术吸收能力的视角 [J]. 科学学研究，2008（3）.

[15] 高春亮，周晓艳，王凌云. "市场换技术"策略能实现吗 [J]. 世界经济，2007（8）.

[16] 郭斌. 企业产品创新与工艺创新的交互过程及模式研究 [J]. 科技管理研究，1999（6）.

[17] 胡川. 工艺流程创新对市场结构及绩效影响的量化研究 [J]. 经济社会体制比较，2006（3）.

[18] 蒋殿春，夏良科. 外商直接投资对中国高技术产业技术创新作用的经验分析 [J]. 世界经济，2005（8）.

[19] 蒋殿春. 跨国公司与发展中东道国企业的技术创新博弈 [J]. 世界经济，2001（9）.

[20] 金雪军，欧朝敏，李杨. 技术引进对我国 R&D 投入总量和结构的影响 [J]. 科研管理，2008（1）.

[21] 金雪军，欧朝敏，李杨. 全要素生产率、技术引进与 R&D 投入 [J]. 科学学研究，2006（5）.

[22] 柯忠义. 技术引进与企业 R&D 的相互作用分析——基于国内高新技术产业面板数据的经验分析 [J]. 科技管理研究，2009（5）.

[23] 李光泗，徐翔. 技术引进、市场结构、研发效率与二次创新 [J]. 财经研究，2007（5）.

[24] 李小平. 自主 R&D、技术引进和生产率增长——对中国分行业大中型工业企业的实证研究 [J]. 数量经济技术经济研究，2007（7）.

[25] 刘常勇，谢洪明. 企业知识吸收能力的主要影响因素 [J]. 科学学研究，2003（3）.

[26] 刘新同，谢超峰. 人力资本视角下的外商直接投资的技术吸收能力研究 [J]. 科技管理研究，2010（12）.

[27] 吕世生，张诚. 当地企业吸收能力与 FDI 溢出效应的实证分析——以天津为例 [J]. 南开经济研究，2004 (6).

[28] 欧阳卉，胡小娟. 技术引进、消化吸收与经济增长的实证研究 [J]. 科技管理研究，2010 (11).

[29] 沈坤荣，耿强. 外国直接投资的外溢效应分析 [J]. 金融研究，2000 (3).

[30] 石军伟，付海艳. 社会结构、市场结构与企业技术创新 [J]. 经济学家，2007 (6).

[31] 时丹丹，宋晓洪. 构建我国制造业企业工艺创新政策体系的研究 [J]. 哈尔滨商业大学学报（社会科学版），2010 (2).

[32] 孙建，吴利萍，齐建国. 技术引进与自主创新：替代或互补 [J]. 科学学研究，2009 (1).

[33] 孙群英，毕克新. 制造业企业信息化对工艺创新能力影响机理的实证研究 [J]. 科学学与科学技术管理，2010 (5).

[34] 孙文杰，沈坤荣. 技术引进与中国企业的自主创新：基于分位数回归模型的经验研究 [J]. 世界经济，2007 (11).

[35] 汪和平，钱省三，胡建兵. 我国技术引进后消化吸收结果定量评价模型 [J]. 科学学研究，2005.

[36] 王春法. FDI 与内生技术能力培育 [J]. 国际经济评论，2004 (2).

[37] 王青，冯宗宪，侯晓辉. 自主创新与技术引进对我国技术创新影响的比较研究 [J]. 科学学与科学技术管理，2010 (6).

[38] 王子君，张伟. 外国直接投资、技术许可与技术创新 [J]. 经济研究，2002 (3).

[39] 巫强，刘志彪. 中国沿海地区出口奇迹的发生机制分析 [J]. 经济研究，2009 (6).

[40] 吴晓波，黄娟，郑素丽. 从技术差距、吸收能力看 FDI 与中国的技术追赶 [J]. 科学学研究，2005 (3).

[41] 吴延兵. 市场结构、产权结构与 R&D——中国制造业的实证分析 [J]. 统计研究，2007 (5).

[42] 吴延兵. 自主研发、技术引进与生产率——基于中国地区工业

的实证研究 [J]. 经济研究, 2008 (8).

[43] 谢建国. 市场竞争、东道国引资政策与跨国公司的技术转移 [J]. 经济研究, 2007 (6).

[44] 谢申祥, 王孝松. 古诺竞争条件下的技术引进与自主研发 [J]. 山东财政学院学报, 2009 (1).

[45] 邢斐, 张建华. 外商技术转移对我国自主研发的影响 [J]. 经济研究, 2009 (6).

[46] 徐涛. 引进 FDI 与中国技术进步 [J]. 世界经济, 2003 (10).

[47] 姚洋, 章奇. 中国工业企业技术效率分析 [J]. 经济研究, 2001 (10).

[48] 姚洋. 非国有经济成分对我国工业企业技术效率的影响 [J]. 经济研究, 1998 (12).

[49] 袁治平, 陶谦坎. 技术引进项目消化吸收效果的系统评价方法 [J]. 科学管理研究, 1995 (1).

[50] 约瑟夫·熊彼特. 经济发展理论 [M]. 北京: 商务印书馆, 1990: 73.

[51] 约瑟夫·熊彼特. 资本主义, 社会主义和民主 [M]. 北京: 商务印书馆, 1979: 103.

[52] 张海洋. 外国直接投资对我国工业自主创新能力的影响——兼论自主创新的决定因素 [J]. 国际贸易问题, 2008 (1).

[53] 周黎安, 罗凯. 企业规模与创新: 来自中国省级水平的经验 [J]. 经济学 (季刊), 2005 (4).

[54] 朱平芳, 李磊. 两种技术引进方式的直接效应研究——上海市大中型工业企业的微观实证 [J]. 经济研究, 2006 (3).

[55] 朱乾龙, 钱书法. 基于网络经济的技术创新与市场结构关系分析 [J]. 产业经济研究, 2009 (1).

[56] Acs, Z. J. and D. B. Audretsch, 1987. "Innovation, Market Structure, and Firm Size," The Review of Economics and Statistics, 69 (4): 567 –574.

[57] Aghion, P. and P. Howitt. Technical Progress in the Theory of Economic Growth [A]. In Jean-Paul Fitoussi, ed., Economics in a Changing

World: Proceedings of the 10th World Congress of the International Economic Association, Volume 5. London: Macmillan, 1995.

[58] Aghion, P. , N. Bloom et al. , 2005. "Competition and Innovation: An Inverted-U Relationship," The Quarterly Journal of Economics, 120 (2): 701 - 728.

[59] Aitken, B. J. and A. E. Harrison, Do Domestic Firms Benefit from Direct Foreign Investment? Evidence from Venezuela. American Economic Review. , 1999, 89 (3): 605 - 618.

[60] Arrow, K. J. 1962. "Economic Welfare and the Allocation of Resources for Invention," in The Rate and Direction of Inventive Activity, Princeton: Princeton University Press, pp. 609 - 625.

[61] Atallah, G. , 2002. "Vertical R&D Spillovers, Cooperation, Market Structure, and Innovation," Economics of Innovation and New Technology, 11 (3): 179 - 209.

[62] Barzel, Y. , 1968. "Optimal Timing of Innovations," The Review of Economics and Statistics, 50 (3): 348 - 355.

[63] Ben-Zion, U. and D. J. Fixler, 1981. "Market Structure and Product Innovation," Southern Economic Journal, 48 (2): 437 - 448.

[64] Bertschek, Irene. 1995. "Product and Process Innovation as a Response to Increasing Imports and Foreign Direct Investment," [J]. The Journal of Industrial Economics, Vol. 43, (4): 341 - 357.

[65] Boone, Jan. 2000. "Competitive Pressure: The Effects on Investments in Product and Process Innovation," [J]. The RAND Journal of Economics, 31 (3): 549 - 569.

[66] Braga, H. and L. Willmore, 1991. "Technological Imports and Technological Effort: An Analysis of their Determinants in Brazilian Firms," The Journal of Industrial Economics, 39 (4): 421 - 432.

[67] Caves, R. E. , 1974. "Multinational Firms, Competition, and Productivity in Host-Country Markets," Economica, 41 (162): 176 - 193.

[68] Caves, R. E. , 1971. "International Corporations: The Industrial E-

conomics of Foreign nvestment," Economica, 38 (149): 1 −27.

[69] Coe, David T. and Elhanan Helpman, 1995. " International R&D Spillovers," European Economic Review, 39: 859 −87.

[70] Cohen, Wesley M. & Klepper, Steven, 1996. "Firm Size and the Nature of Innovation within Industries: The Case of Process and Product R&D," The Review of Economics and Statistics, 78 (2): 232 −243.

[71] Cohen, W. M. and D. A. Levinthal, 1990. "Absorptive Capacity: A New Perspective on Learning and Innovation," Administrative Science Quarterly, 35 (1): 128 −152.

[72] Cohen, W. M. and D. A. Levinthal, 1989. "Innovation and Learning: The Two Faces of R & D," The Economic Journal, 99 (397): 569 −596.

[73] Currie, David, Paul L. Levine, Joseph Pearlman, and Michael Chui, 1999. "Phases of Imitation and Innovation in a North-South Endogenous Growth Model," Oxford Economic Papers, 51: 60 −88.

[74] Das, S. P. , 1999. "Direct Foreign Investment Versus Licensing," Review of Development Economics, 3 (1): 86 −97.

[75] Dasgupta, P. and J. Stiglitz, 1980. "Industrial Structure and the Nature of Innovative Activity," The Economic Journal, 90 (358): 266 −293.

[76] Datta, A. and H. Mohtadi, 2006. "Endogenous Imitation and Technology Absorption in a Model of North-south Trade," International Economic Journal, 20: 431 −461.

[77] Delbono, F. and V. Denicolo, 1991. "Incentives to Innovate in a Cournot Oligopoly," The Quarterly Journal of Economics, 106 (3): 951 −61.

[78] Deneckere, R. & Davidson, C. , 1985. "Incentives to Form Coalitions with Bertrand Competition." The RAND Journal of Economics, 16: 473 −486.

[79] Deolalikar, A. B. and R. E. Evenson, 1989. "Technology Production and Technology Purchase in Indian Industry: An Econometric Analysis," The Review of Economics and Statistics, 71 (4): 687 −692.

[80] Desai, A. V. , 1983. "Technology and Market Structure under Government Regulation: A Case Study of Indian Textile Industry," Economic and

Political Weekly, 18 (5): 150 - 160.

[81] Djankov, Simeon and Bernard M. Hoekman, 2000. "Foreign Investment and Productivity Growth in Czech Enterprises." World Bank Economic Review, 14 (1): 49 - 64.

[82] Dunning, J. H. , International Production and the Multinational Enterprise, London: George Allen and Unwin, 1981.

[83] Duranton, Gilles and Puga, Diego. 2001. "Urban Diversity, Process Innovation, and the Life Cycle of Products," The American Economic Review, 91 (5): 1454 - 1477.

[84] Findlay, R. , 1978. "Relative Backwardness, Direct Foreign Investment, and the Transfer of Technology: A Simple Dynamic Model," Quarterly Journal of Economics, (92): 1 - 16.

[85] Freeman, C. The economics of industrial innovation. MA: The M IT Press, 1982.

[86] Geroski, P. A. , 1990. "Innovation, Technological Opportunity, and Market Structure," Oxford Economic Papers, New Series, 42 (3): 586 - 602.

[87] Goldberg, Itzhak, Lee Branstetter, John Gabriel Goddard and Smita Kuriakose. 2008. "Globalization and Technology Absorption in Europe and Central Asia: The Role of Trade, FDI, and Cross-border Knowledge Flows," World Bank Working Paper, NO. 150: 1 - 123.

[88] Griliches, Z. , 1957. "Hybrid Corn, and the Economics of Innovation. An Exploration in the Economics of Technological Change," Econometrica, 25: 501 - 22.

[89] Grossman, G. and Helpman, E. Innovation and Growth in the Global Economy. MIT Press, Cambridge, Mass. 1991.

[90] Grossman, Gene M. and Elhanan Helpman, 1991. "Endogenous Product Cycle," Economic Journal, 101: 1214 - 1229.

[91] Hausmann, Ricardo and Dani Rodrik, 2003. "Economic Development As Self-Discovery," Journal of Development Economics, 72 (2): 603 - 33.

[92] Hu, A. G. Z. , G. H. Jefferson and Q. Jinchang, 2005. "R&D and Technology Transfer: Firm-Level Evidence from Chinese Industry," Review of Economics and Statistics, 87 (4): 780 – 786.

[93] Jadlow, J. M. , 1981. "New Evidence on Innovation and Market Structure," Managerial and Decision Economics, 2 (2): 91 – 96.

[94] Javorcik, Beata. 2004. "Does Foreign Direct Investment Increase the Productivity of Domestic Firms? In Search of Spillovers through Backward Linkages," American Economic Review, 94 (3): 605 – 27.

[95] Jean Tirole. The Theory of Industrial Organization. The MIT Press, Cambridge, MA. 1988

[96] Kamien, M. and N. Schwartz, 1976. "On the Degree of Rivalry for Maximum Innovative Activity," Econometrica, 90 (2): 245 – 60.

[97] Kamien, M. I. and N. L. Schwartz, 1972. "Timing of Innovations Under Rivalry," Econometrica, 40 (1): 43 – 60.

[98] Kamienm M. I. and L. N. Schwartzn. 1978, "Potential Rivalry, Monopoly Profits and the Pace of Inventive Activity," The Review of Economic Studies, 45 (3): 547 – 557.

[99] Katrak, H. , 1997. "Developing countries' imports of technology, in-house technological capabilities and efforts: an analysis of the Indian experience," Journal of Development Economics, 53 (1): 67 – 83.

[100] Keller, Wolfgang, "Geographic Localization of International Technology Diffusion," American Economic Review, 92 (1): 120 – 42.

[101] Kim, L. , Imitation to Innovation: The Dynamics of Korea's Technological Learning. Boston: Harvard Business School Press, 1997.

[102] Kinoshita, Y. , R&D and Technology Spillovers via FDI: Innovation and Absorptive Capacity. CEPR working paper No. 349, 2001.

[103] Koeller, C. T. , 2005. "Technological Opportunity and the Relationship between Innovation Output and Market Structure," Managerial and Decision Economics, 26 (3): 209 – 222.

[104] Koizumi, T. and K. Kopecky, 1977. "Economic growth, capital

movements and the international transfer of technical knowledge," Journal of International Economics, 7 (1): 45 – 65.

[105] Kokko, A. , 1994. "Technology, Market, Characteristics and Spillover," Journal of Development Economics, 42 (3): 279 –293.

[106] Konings, J. , 2001. "The effects of foreign direct investment on domestic firms-Evidence from firm-level panel data in emerging economies," Economics of Transition, 9 (3): 619 –633.

[107] Konings, Jozef, 2000. "The Effects of Foreign Direct Investment on Domestic Firms: Evidence from Firm Level Panel Data in Emerging Economies. " Working Papers Series 344, William Davidson Institute at the University of Michigan Stephen M. Ross Business School, Ann Arbor, Michigan.

[108] Kraay, Aart. Isidro Soloaga and James Tybout, 2002. "Product Quality, Productive Efficiency, and International Technology Diffusion: Evidence from Plant-level Panel Data," Policy Research Working Paper Series 2759, The World Bank, Washington, D. C.

[109] Kumar, N. , 1987. "Technology Imports and Local Research and Development in Indian Manufacturing," Developing Economics, 25 (3): 220 –233.

[110] Levin, R. C. , W. M. Cohen and D. C. Mowery, 1985. "R&D appropriability, opportunity, and market structure: new evidence on some Schumpeterian hypotheses," American Economic Review, 75 (2): 20 –24.

[111] Lin, Hwan C. , 2002. "Shall the Northern Optimal R&D Subsidy Rate Inversely Respond to Southern Intellectual Property Protection," Southern Economic Journal, 69: 381 –397.

[112] Lin, P. and K. Saggi, 2002. "Under-provision of Inputs in Joint Ventures with Market Power," Bulletin of Economic Research, 54 (2): 189 –196.

[113] Link, Albert N. , "A Disaggregated Analysis of Industrial R&D: Product versus Process Innovation," in Devendra Sahal (ed.), The Transfer and Utilization of Technical Knowledge (Lexington, MA: Lexington Books, 1982).

[114] Liu, X. , et al. , 2003. "Productivity Spillovers From Foreign Di-

rect Investment: Evidence From UK Industry Level Panel Data," Journal of International Business Studies, 31 (3): 407 - 425.

[115] Loury, Glenn C. , 1979. "Market Structure and Innovation," Econometrica, , 93 (3): 395 - 410.

[116] Lucas, R. , 1988. "On the Mechanics of Economic Development," Journal of Monetary Economics, 22 (1): 3 - 42.

[117] Macdougall, D. A. G. , 1960. "The Benefits and Costs of Private Investment from Abroad: A Theoretical Approach," Economic Record, 36 (73): 13 - 35.

[118] Mansfield, E. , 1963. "Size of Firm, Market Structure, and Innovation," The Journal of Political Economy, 71 (6): 556 - 576.

[119] Mansfield, E. , 1981. "Composition of R and D Expenditures: Relationship to Size of Firm, Concentration, and Innovative Output," The Review of Economics and Statistics, 63 (4): 610 - 615.

[120] Mansfield, E. , 1968. Industrial research and technological innovation-An econometric analysis. New York: Norton for the Cowles Foundation for Research in Economics at Yale University.

[121] Marin, P. L. and G. Siotis, 2007. "Innovation and Market Structure: An empirical evaluation of the 'Bounds Approach' in the Chemical Industry," Journal of Industrial Economics, 55 (1): 93 - 111.

[122] Marion B. Stewart, 1983. "Noncooperative Oligopoly and Preemptive Innovation Without Winner-Take-All," The Quarterly Journal of Economics, 98 (4): 681 - 694.

[123] Nelson, Richard R. and Sidney Winter. An Evolutionary Theory of Economic Change. Cambridge, MA: Harvard University Press, 1982.

[124] Overvest, Bastiaan M. and Veldman, Jasper, 2008. "Managerial incentives for process innovation," Managerial and Decision Economics, 29 (7): 539 - 545.

[125] Pack, Howard. Technology Gaps between Industrial and Developing Countries: Are There Dividends for Late-comers? [A] Proceedings of the World

Bank Annual Conference on Development Economics, The World Bank, Washington, D. C. 1993.

[126] Pavitt, K. Robson, M. and Townsend, J. 1987. "The Size Distribution of Innovating Firms in the UK: 1945 – 1983," The Journal of Industrial Economics, 35 (3): 297 – 316.

[127] Pillai, P. M. , 1979. "Technology Transfer, Adaptation and Assimilation," Economic and Political Weekly, 14 (47): 121, 123 – 126.

[128] Romer, P. , 1990. "Endogenous Technological Change," Journal of Political Economy, 98: S71 – S102.

[129] Romer, P. , 1986. "Paul. Increasing Returns and Long-run Growth," Journal of Political Economy, 94 (5): 1002 – 37.

[130] Saggi, K. , 1996. "Entry into a Foreign Market: Foreign Direct Investment versus Licensing," Review of International Economics, 4 (1): 99 – 104.

[131] Saggi, K. , 1999. "Foreign Direct Investment, Licensing, and Incentives for Innovation," Review of International Economics, 7 (4): 699 – 714.

[132] Scherer, F. M. , "Changing Perspectives on the Firm Size Problem" in Zoltan J. Acs and David B. Audretsch (eds.), Innovation and Technological Change: An International Comparison (New York: Harvester Wheat sheaf, 1991).

[133] Scherer, F. M. , 1967. "Research and Development Resource Allocation Under Rivalry," Econometrica, 81 (3): 349 – 94.

[134] Schroeder, Dean M. , 1990. "A Dynamic Perspective on the Impact of Process Innovation Upon Competitive Strategies," Strategic Management Journal, 11 (1): 25 – 41.

[135] Shaked, Avner & Sutton, John, 1990. "Multiproduct Firms and Market Structure," The Rand Journal of Economics, 2 (1): 45 – 62.

[136] Shaked, Avner & Sutton, John, 1982. "Relaxing Price Competition through Product Differentiation," Review of Economic Studies, 49 (1): 3 – 13.

[137] Shubik, M. & Levitan, R. Market Structure and Behavior. Cam-

bridge, Mass. : Harvard University Press, 1980.

[138] Solow, Robert, 1956. "A Contribution to the Theory of Economic Growth," Quarterly Journal of Economics, 70 (1): 65 –94.

[139] Sutton, J. , Technology and Market Structure. MIT Press, Cambridge, Massachusetts, 1998.

[140] Utterback, James M and Abernathy, William J. , 1975. "A dynamic model of process and product innovation," Omega, Elsevier, 3 (6): 639 –656.

[141] Tandon, P. , 1984. "Innovation, Market Structure, and Welfare," The American Economic Review, 74 (3): 394 –403.

[142] Van Biesebroeck, Johannes, 2005. "Exporting Raises Productivity in Sub-Saharan African Manufacturing Firms," Journal of International Economics, 67 (2): 373 –391.

[143] Van Elkan, Rachel, 1996. "Catching Up and Slowing Down: Learning and Growth Patterns in an Open Economy," Journal of International Economics, 41: 95 –111.

[144] Wang, J. and M. Blomstrom, 1992. "Foreign Investment and Technology Transfer: A Simple Model," European Economic Review, 36 (1): 137 – 155.

[145] Sang-Seung Yi, 1999. "Market structure and incentives to innovate: the case of Cournot oligopoly," Economics Letters, 65 (3): 379 –388.

[146] Zmud, Robert W. , 1984. "An Examination of 'Push-Pull' Theory Applied to Process Innovation in Knowledge," Management Science, 30 (6): 727 –738.

图书在版编目（CIP）数据

异质性条件下技术创新最优市场结构研究：以中国高技术产业为例／千慧雄著. —北京：经济科学出版社，2019.7

ISBN 978 - 7 - 5218 - 0742 - 4

Ⅰ. ①异… Ⅱ. ①千… Ⅲ. ①高技术产业 - 技术革新 - 研究 - 中国 Ⅳ. ①F279. 244. 4

中国版本图书馆 CIP 数据核字（2019）第 168607 号

责任编辑：初少磊 杨 梅
责任校对：齐 杰
责任印制：李 鹏

异质性条件下技术创新最优市场结构研究
——以中国高技术产业为例
千慧雄 著
经济科学出版社出版、发行 新华书店经销
社址：北京市海淀区阜成路甲 28 号 邮编：100142
总编部电话：010 - 88191217 发行部电话：010 - 88191540
网址：www. esp. com. cn
电子邮箱：esp@ esp. com. cn
天猫网店：经济科学出版社旗舰店
网址：http://jjkxcbs. tmall. com
北京季蜂印刷有限公司印装
710 × 1000 16 开 10.25 印张 160000 字
2019 年 9 月第 1 版 2019 年 9 月第 1 次印刷
ISBN 978 - 7 - 5218 - 0742 - 4 定价：45.00 元
（图书出现印装问题，本社负责调换。电话：010 - 88191510）
（版权所有 侵权必究 打击盗版 举报热线：010 - 88191661
QQ：2242791300 营销中心电话：010 - 88191537
电子邮箱：dbts@ esp. com. cn）